JEAN-CLAUDE VIGOR ♣ SYLVIE PERRON

MON JARDIN AU JOUR LE JOUR

UNE ANNÉE EN HORTICULTURE

 **SRC**

CBF 690
Montréal

ÉDITIONS DU TRÉCARRÉ

Conception graphique et infographie : Dufour et fille design inc.

Illustrations : Line Michaud.

Photographie de la couverture : Richard Lavertu

ISBN 2-89249-603-9

Dépôt légal – 1995
Bibliothèque nationale du Québec

Éditions du Trécarré
Saint-Laurent (Québec) Canada

IMPRIMÉ AU CANADA

Préface

Depuis 1989, Jean-Claude Vigor partage sa passion de l'horticulture avec les auditeurs et les auditrices de Radio-Canada, tout d'abord dans le cadre de l'émission *Le Carrousel du samedi matin* et plus récemment dans celle de *VSD Bonjour*.

Sylvie Perron s'est jointe en 1992 à l'équipe de *CBF Bonjour*, perpétuant ainsi la tradition instituée par le regretté Paul Boutet.

Les chroniques horticoles que Jean-Claude et Sylvie nous dévoilent ne cessent de susciter l'intérêt des auditeurs et auditrices. Après chacun de leur passage en ondes, les demandes les plus vertes font rougir les circuits téléphoniques.

De cet engouement pour la verdure a germé chez Jean-François Doré, directeur des émissions d'animation, l'idée de rassembler dans un livre, les conseils de nos spécialistes. Le projet a trouvé un terreau fertile aux Éditions du Trécarré et des jardiniers efficaces en la directrice de l'édition, Colette Laberge, le chef du Service des droits d'auteur, Hélène Messier et le directeur des émissions agricoles, Gaétan Deschênes. Ce dernier a allègrement mis la main à la bêche en coordonnant la production de cet ouvrage et en rédigeant les chroniques historiques pour lesquelles il a effectué la recherche. Je l'en remercie tout particulièrement ainsi que les deux auteurs, Jean-Claude Vigor et Sylvie Perron qui n'ont pas hésité à mettre leur expertise au profit de ceux et celles qui font des jardins, des potagers et des plantes de maison leur bonheur quotidien.

Pierre Tougas
Directeur général des programmes
Réseau AM

JANVIER

L'exploration botanique en Nouvelle-France

Arrivé au pays en 1685 à titre de chirurgien de la marine, Michel Sarrazin s'intéresse rapidement à la botanique… d'autant plus qu'il en avait reçu l'ordre. Dans une lettre datée de mars 1698, on peut lire notamment : « Monsieur le premier médecin charge le Sieur de Sarrazin de ramasser au Canada les plantes, fruits et autres choses que ce pays produit de particulier et qui peuvent être utiles au Jardin royal ». Durant plus de 20 ans, le docteur Sarrazin expédie en France des spécimens qui font toujours partie des herbiers du Musée d'histoire naturelle et du Jardin des plantes. À chaque envoi, des notes accompagnent les spécimens. Le botaniste Sébastien Vaillant s'en inspirera pour rédiger un ouvrage intitulé *Histoire des plantes de Canada*, publié en 1707. Jean-François Gaultier succédera à Michel Sarrazin à titre de médecin et d'explorateur botaniste.

Recette : Nous voilà au lendemain de la veille, le foie engorgé, l'estomac acidifié, l'excès d'alcool à la racine des cheveux, la taille gonflée. Que faire?

Cessez de rêver aux plantes santé et faites-en vous-même la culture. En cas d'urgence, consultez un herboriste.

Pour la digestion, cultivez un plant d'angélique, du basilic, quelques plants d'hysope, de la matricaire et de la verveine. Il ne restera plus qu'à vous procurer quelques graines d'anis étoilé (badiane de Chine). Mélangez à parts égales ces ingrédients et faites infuser à raison de 15 ml dans 250 ml bouillante. Une digestion harmonieuse est presque garantie, sans compter le plaisir de jardiner ces plantes.

1	Au jour de l'An, une tradition veut que l'on s'embrasse sous un bouquet de gui. Saviez-vous qu'il s'agit d'une plante parasite dont les fleurs mâles et femelles poussent sur des plants distincts? Une autre tradition veut qu'on prenne des résolutions; par exemple, inscrire dans votre agenda des notes de jardinage : les variétés utilisées, les dates de plantation, les résultats obtenus. Il n'est pas sans intérêt de pouvoir se rappeler ses bons coups comme les moins bons et, surtout, de pouvoir comparer les résultats de chaque essai d'une année à l'autre.
2	Pour prolonger la floraison de vos plantes reçues à Noël (poinsettias, cactus de Noël, cyclamens, etc.), éloignez-les des sources de chaleur pendant le jour et réduisez la température pendant la nuit. Vos plantes s'en porteront mieux et cela ne vous fera pas de tort non plus!
3	Ne tardez pas à commander vos semences. Feuilleter les catalogues est l'un des plaisirs de l'hiver, sans compter l'inspiration et les bonnes idées qu'on y trouve. Plus tôt vos choix seront fixés, plus les commerçants seront en mesure d'y répondre.

JANVIER

Les jours sont courts. Observez vos plantes d'intérieur : il n'est pas rare que leurs tiges se développent davantage du côté de la source lumineuse. Faites-leur faire un quart de tour de temps en temps.

4	Il est déjà temps de penser aux semis de certaines plantes comme les bégonias et les géraniums (*Pelargonium*).
5	Les semences de géraniums requièrent une température constante d'environ 20°C. Vous devez les semer d'ici la fin du mois si vous voulez des fleurs dès le début de l'été. *Les cactus et autres plantes grasses tirent profit d'une intensité lumineuse maximale. Enlevez la poussière accumulée entre les aiguilles et les soies.*
6	Parce qu'elles ont besoin de lumière pour germer, les semences de bégonias gagnent à être très légèrement enfoncées dans le sol.

7

Un petit nettoyage de vos plantes d'intérieur est toujours bénéfique. Passez-les sous la douche ou lavez-les à l'aide d'un chiffon doux humecté d'une eau légèrement savonneuse. Libérés de la poussière, les feuillages absorbent mieux les rayons lumineux.

Contenant suspendu à peu de frais : un pot de terre cuite, une tige filetée, deux rondelles, deux écrous, un terreau adéquat et un choix de plante judicieux.

8

L'air sec de nos maisons assèche la pointe des feuilles de certaines plantes. Avec des ciseaux, coupez en biseau la pointe des feuilles, puis éloignez vos plantes des sources de chaleur.

Vous voulez créer des arrangements floraux à peu de frais? Initiez-vous à l'*ikebana*. Cet art floral japonais convertit quelques branches et deux ou trois tiges de fleurs en un superbe bouquet.

9

Attention au sel de déglaçage : il pourrait abîmer votre pelouse et vos arbustes. Utilisez-le avec parcimonie et à distance des végétaux, sans quoi vous pourriez récolter de mauvaises surprises printanières.

Si vous voulez égayer un coin sombre dans une pièce, sachez que l'*Aglaonema*, l'*Aspidistra*, le *Pothos* ou le *Spathiphyllum* se contentent d'un faible éclairage.

10

Les azalées vendues dans le commerce sont cultivées dans des mélanges très tourbeux parfois difficiles à réhumecter une fois secs. N'hésitez pas à immerger le pot dans un seau ou un lavabo rempli d'eau jusqu'à ce que toutes les bulles d'air se soient échappées du pot, puis laissez égoutter.

Quand la floraison de votre azalée sera terminée, diminuez les arrosages et conservez-la dans un endroit frais.

11

Le meilleur hygromètre dont vous disposiez, c'est votre doigt : plongez-le dans le sol pour vérifier son degré d'humidité. En soupesant un pot, certains peuvent déterminer le moment opportun d'arroser la plante.

12

Vos plantes d'intérieur ont mauvaise mine? Ajoutez du chélate de fer dans l'eau d'arrosage ou vaporisez-en sur le feuillage. Elles verdiront de plaisir.

Les catalogues annuels présentent toujours les variétés primées aux États-Unis (All American Selection) ou en Europe (Fleuroselect). Essayez-les!

13

Installez vos petits cactus, comme les *Mamillarias*, sur le rebord d'une fenêtre : un peu de fraîcheur stimule la floraison printanière.

Bon nombre de plantes produisent des racines dans de l'eau. Recouvrez le contenant d'une feuille de papier d'aluminium et plongez dans l'eau quelques morceaux de charbon de bois naturel qui l'empêcheront de croupir.

14

Janvier est un mois difficile pour les plantes d'intérieur. Affaiblies, elles sont parfois plus vulnérables aux attaques des insectes. Examinez-les souvent : certains insectes se logent de préférence sur la surface inférieure des feuilles.

15

Après une chute de neige, secouez vos conifères ou enlevez la neige à l'aide d'un balai, car une charge excessive pourrait les abîmer. Abstenez-vous cependant si la neige a durci; cela pourrait leur faire plus de tort que de bien.

Ne laissez jamais vos plantes d'intérieur immergées dans l'eau. Leurs racines ont autant besoin d'air que d'eau, ne l'oubliez pas.

16

Ah! cet ananas qui refuse de fleurir! Dans un premier temps, vous vous êtes procuré un ananas bien mûr et vous avez réussi à bouturer la touffe feuillue située sur la partie supérieure du fruit. Deux ans plus tard, il a franchi son adolescence, et se révèle grand et fort. Maintenant, enfermez-le dans un sac de plastique transparent en compagnie de deux ou trois pommes, ou quelques bananes bien mûres. Quelques jours de ce régime sous 20°C et les vapeurs d'éthylène dégagées par les fruits stimuleront sa floraison.

17

Quand une croûte blanche se forme à la surface de vos plantes d'intérieur, il s'agit souvent d'une accumulation de sels minéraux. Lessivez alors le sol en faisant couler de l'eau tiède dans le pot ou enlevez délicatement la surface de la terre, quitte à remplacer la quantité perdue.

18

Le secret pour faire fleurir votre violette africaine : une fenêtre à l'est et des apports d'engrais riche en phosphore comme le 15-30-15. Ne vous inquiétez pas si la floraison s'arrête un moment : il s'agit peut-être tout simplement d'une période de repos.

19

Attention aux acariens! Ces araignées minuscules se tiennent à la surface inférieure des feuilles, mais on peut mieux voir les minces toiles qu'elles tissent. Vaporisez sur le feuillage un savon insecticide deux ou trois fois à sept ou dix jours d'intervalle.

20

Jetez un coup d'œil sur vos bulbes tendres entreposés pour l'hiver. Éliminez tout bulbe pourri ou trop mou. Saupoudrez les autres d'un fongicide à base de soufre pour prévenir le pourrissement.

21

Foulez la neige au pied de vos jeunes arbres fruitiers, vous empêcherez ainsi les mulots d'atteindre le tronc et de gruger l'écorce.

Votre caoutchouc est presque complètement dégarni et ressemble à un coton? Voici un petit truc simple. À l'aide d'un fil de cuivre, garrottez fermement la tige environ un mètre de la base. Avec un peu de chance vous verrez apparaître des bourgeons qui formeront de nouvelles tiges. Dès lors, retirez les fils.

22

Lorsque la floraison de votre amaryllis sera terminée, coupez la hampe florale à sa base, mais poursuivez les arrosages. À l'été, vous pourrez la faire reposer dans le jardin jusqu'à l'automne. C'est après sa floraison que le bulbe d'amaryllis emmagasine les réserves nécessaires à la prochaine.

23

Profitez des soirées d'hiver pour planifier la prochaine saison. Consultez des catalogues et des livres de référence; inspirez-vous des revues d'horticulture.

24

Comment partir en vacances en toute tranquillité? Sur un film de polyéthylène, installez un tapis capillaire (ou un feutre) puisant dans une bassine. Regroupez les plantes; vaporisez copieusement; fermez les rideaux transparents; réglez le thermostat au plus bas (selon le besoin des plantes). Bonnes vacances!

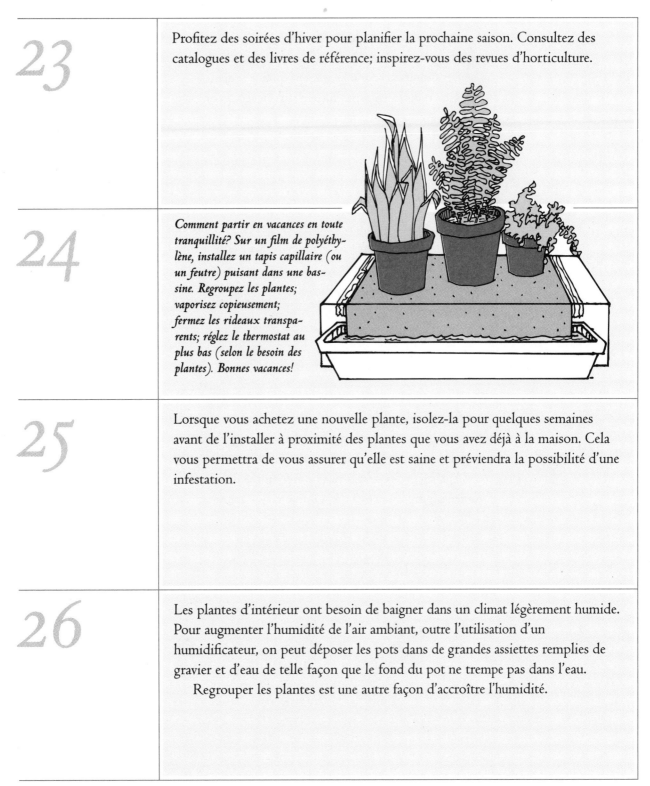

25

Lorsque vous achetez une nouvelle plante, isolez-la pour quelques semaines avant de l'installer à proximité des plantes que vous avez déjà à la maison. Cela vous permettra de vous assurer qu'elle est saine et préviendra la possibilité d'une infestation.

26

Les plantes d'intérieur ont besoin de baigner dans un climat légèrement humide. Pour augmenter l'humidité de l'air ambiant, outre l'utilisation d'un humidificateur, on peut déposer les pots dans de grandes assiettes remplies de gravier et d'eau de telle façon que le fond du pot ne trempe pas dans l'eau.

Regrouper les plantes est une autre façon d'accroître l'humidité.

27

Lorsque vous arrosez les broméliacées comme les aechmeas, par exemple, assurez-vous de remplir d'eau la coupe formée par les feuilles.

Les broméliacées ne fleurissent qu'une seule fois au cours de leur vie, mais, avant de mourir, elles produisent un rejeton qu'on peut séparer et empoter.

28

Après la floraison de vos kalanchoes, coupez les inflorescences et placez les plantes à la lumière vive pour éviter leur étiolement. L'été prochain, vous pourrez les loger dehors.

29

Le forçage des tulipes, des narcisses et des crocus demande douze semaines au froid et le forçage des jacinthes, dix semaines. Sortez vos bulbes laissés au froid depuis l'automne; ils fleuriront dans quelques semaines.

Après leur séjour à la noirceur et au froid, les bulbes forcés doivent être ramenés progressivement à la lumière et à une température plus chaude.

30

Vous avez tendance à faire des excès d'arrosage? Cultivez le *Cyperus* : il adore avoir les pieds dans l'eau en tout temps.

31

Prenez la peine de mettre par écrit vos projets du printemps à venir. Faites un plan de vos plates-bandes; cela vous évitera bien des erreurs.

Notes

FÉVRIER

Le frère Marie-Victorin

Né à Kingsey Falls en 1885, Conrad Kirouac grandit dans une famille aisée du quartier Saint-Sauveur, à Québec. Connu sous son nom de religieux, le frère Marie-Victorin mourra en 1944 des suites d'un accident de la route. Son œuvre le révèle comme l'un de nos plus brillants esprits scientifiques contemporains.

C'est en raison d'une santé fragile que le jeune homme oriente son intérêt vers la botanique, ce qui ne l'empêche pas de déve-

lopper une vaste pensée et une vision profonde de l'identité québécoise. À titre d'exemple, voici un extrait d'un article qu'il publie dans le journal Le Devoir en 1938 : « …un peuple qui possède des élites (scientifiques, littéraires et artistiques) vivra, quels que soient l'exiguïté de ses frontières et le nombre et la puissance de ses ennemis ».

Le Québec doit surtout au frère Marie-Victorin la mise sur pied de l'Institut botanique de l'Université de Montréal et du Jardin botanique de Montréal, de même qu'un ouvrage toujours indispensable dans le domaine des sciences naturelles : *La Flore laurentienne*.

Recette : Si votre jardin accueille des genévriers (*Juniperus*) et, par chance, un plant femelle, examinez-le bien. Il pourrait regorger de petits fruits (baies) d'un bleu vert et remplis de graines.
Vous voilà en possession de l'un des ingrédients indispensables pour apprêter l'infusion « chasse-grippe » mise au point par l'herboriste du Palais-Royal, à Paris.

Pour 250 ml d'eau bouillante : trois à cinq baies de genévrier écrasées, une pincée de cannelle, deux feuilles de laurier séchées, deux clous de girofle et une petite pincée de fleurs de tilleul extraites d'un sachet de tisane commerciale.

Laissez infuser de cinq à dix minutes, filtrez et sucrez avec un peu de miel. Boire une ou deux tasses par jour.

1	Le printemps approche et, dans nos maisons, les plantes reprennent un peu de vigueur. Quelques applications d'engrais stimuleront leur croissance. Pour fertiliser vos plantes d'intérieur, utilisez un engrais complet de type 20-20-20 ou encore de l'émulsion de poisson.
2	N'hésitez pas à rabattre les tiges d'une plante qui s'est étiolée au cours de l'hiver comme les hibiscus ou les géraniums, par exemple.
3	Pour avoir un avant-goût du printemps, forcez quelques branches d'arbustes à fleurs. Par exemple, coupez quelques branches d'un forsythia, pommetier, prunier ou cerisier. Trempez-les dans l'eau tiède pendant quelques heures, avant de les installer dans un vase. Quelques semaines plus tard, vous pourrez profiter de branches fleuries dans la maison. N'oubliez pas de renouveler quotidiennement l'eau du vase.

FÉVRIER

Vos coléus ou autres plantes tendent à s'étioler? Pincez leur extrémité, c'est-à-dire enlevez avec vos doigts les deux petites feuilles qui émergent du bout de la tige. Cette intervention favorisera la croissance des tiges latérales.

4	Vos branches forcées peuvent être placées au soleil jusqu'au moment de leur débourrement; quand survient celui-ci, éloignez-les des rayons directs du soleil et vous prolongerez d'autant votre plaisir.
5	Si votre chat grignote vos plantes vertes, semez-lui, dans un pot, de l'avoine ou de l'herbe à chat (*Nepeta cataria*); il préférera de loin cette plante et délaissera les vôtres.
6	*Le cabanon ou le mur du garage défigurent le paysage? Pensez à créer un effet trompe-l'œil et votre ouvrage captera si bien les regards qu'on ne verra plus le bâtiment masqué.*

7

Rappelez-vous que si la cochenille farineuse attaque l'une de vos plantes d'intérieur, il importe d'enlever le plus d'insectes possible avec un coton-tige imbibé d'alcool, puis de vaporiser sur la plante un savon insecticide.

8

Lorsque vous allez chez tante Une telle pour lui soutirer quelque bouture de plante, munissez-vous de portions de bouteilles en plastique et de mousse synthétique (Oasis) bien connue des fleuristes. Après avoir repiqué les boutures dans le bloc de mousse bien imbibé d'eau, déposez-le dans la bouteille préalablement percée et fixez-le au moyen de clous.

9

La floraison de votre cyclamen est terminée. Réduisez les arrosages jusqu'à ce que le feuillage soit complètement mort, puis mettez le corme au repos dans un endroit frais.

Les achillées, les *Eryngium*, les *Gomphrena*, les *Helichrysum* et les *Gypsophila* deviennent de magnifiques bouquets de fleurs séchées. À prévoir au jardin l'été prochain.

10

Conservez les cendres de vos feux de cheminée. Elles sont riches en potassium et s'intègrent avantageusement au sol de votre potager.

11	Si vous avez empoté et laissé au froid des plants de muguet l'automne dernier, placez-les maintenant à la température de la pièce, ils fleuriront dans quelques semaines.
12	Lorsque vous achetez une plante à fleurs, choisissez-la en boutons. Vous pourrez ainsi profiter de la floraison beaucoup plus longtemps.
13	Pour la Saint-Valentin, choisissez des fleurs en fonction de leur signification particulière; par exemple, l'œillet symbolise l'amour et la constance; l'orchidée, la ferveur et la marguerite, l'amour passionné!
14	Aujourd'hui, si vous recevez des fleurs, contemplez-les. Demain, vous pourrez donner un petit coup de pouce à leur conservation.

15 Pour mieux conserver vos fleurs coupées, renouvelez chaque jour l'eau tiède du vase et, à tous les deux ou trois jours, coupez la base des tiges en biseau sous l'eau.

16 La culture des orchidées dans nos maisons est d'autant plus réalisable qu'on choisit d'abord des genres mieux adaptés : entre autres, les *Phalaenopsis*, les *Cattleya* ou les *Paphiopedilum*.

17 *Les pots des plantes qui demandent un haut taux d'humidité relative doivent être installés dans un contenant sans trou de drainage. Constamment humide, une couche de deux à trois centimètres de vermiculite au fond du contenant permettra aux racines de puiser l'humidité nécessaire à leur bonheur dans la vermiculite humide. Pour ce faire, les pots des plantes doivent évidemment comporter un trou de drainage.*

18 La dionée qu'on appelle aussi « attrape-mouche » doit prendre une période de repos pendant l'hiver. Placez-la donc dans un endroit plus frais.

19	Il est encore tôt, mais si l'envie vous prend de manier le sécateur, vous pouvez déjà commencer la taille des arbres fruitiers et ornementaux. Lorsque vous taillez une branche, faites-le toujours selon un angle de 45°.
20	Dans le but d'attirer des colibris dans votre jardin l'été prochain, prévoyez y planter des fuchsias, des ancolies, des monardes, des campsis et des chèvrefeuilles grimpants. Les colibris recherchent le rouge, le rose et l'orangé. Rappelez-vous que le pommetier, le sorbier, l'amélanchier, le cornouiller, entre autres, attirent les oiseaux au printemps.
21	Si vous songez à l'achat d'un bonsaï, tenez compte des conditions que vous pourrez lui offrir. Par exemple, le *Serissa* peut être cultivé à l'intérieur tout au long de l'année, mais le *Juniperus* doit passer l'hiver au froid, ce que ne permettent pas toutes les habitations.
22	Février est le mois favorable aux semis d'oignons, de poireaux et d'impatiens. Pour ce qui est des fines herbes, semez aussi en février la ciboulette et le romarin.

23

Pour des tulipes bien droites en bouquet de fleurs coupées, enveloppez les tiges bien serrées dans du papier journal et placez-les debout dans quelques centimètres d'eau pendant quelques heures. Déballez-les et disposez-les dans un vase.

24

Avant de prélever une bouture sur une plante d'intérieur, placez celle-ci dans la lumière vive. L'enracinement de boutures plus vigoureuses réussit toujours mieux.

Pour encourager l'enracinement de vos plantes d'intérieur, trempez-les dans de la poudre d'enracinement dont la teneur en hormones favorise le développement de radicelles.

25

On appelle « collamboles », ces petits insectes blancs qui sautent sur le sol de nos plantes d'intérieur au moment de l'arrosage. Pour en venir à bout, saupoudrez la surface du sol avec un insecticide avant d'arroser.

26

Si les feuilles de votre fougère de Boston brunissent, c'est que l'air ambiant manque d'humidité ou que la température de la pièce est trop élevée.

27 Vous voulez des fleurs comestibles dans votre jardin? Prévoyez la plantation de capucines, d'œillets de poète, de *Calendulas* et de bourraches.

Les boutons floraux des capucines peuvent être marinés et consommés comme des câpres. Quant aux feuilles, elles sont délicieuses dans les salades.

28 Si vous n'utilisez pas toutes vos graines cette année, conservez-les au frais et au sec. Déposez-les, par exemple, dans un contenant de plastique au réfrigérateur.

La pluie verglaçante, la charge de neige ou une maladresse a décapité votre conifère. À vous de lui refaire une autre tête : redressez à l'aide d'un tuteur, l'une des branches latérales.

Notes

MARS

Auguste Dupuis, un pionnier du monde horticole

Au XIXe siècle, les Québécois qui connaissent l'horticulture font figure de pionniers. L'un d'eux, Auguste Dupuis de Saint-Roch des Aulnaies, établira en 1860 la première pépinière commerciale du Québec. Pour mieux partager son savoir, il fonde, en 1880, la Société d'horticulture du comté de l'Islet et, un peu plus tard, il représente le Québec à diverses expositions, notamment en Jamaïque et en France. En 1904, il collabore au Service de l'horticulture de l'exposition universelle de St-Louis, au Missouri. Grâce aux contacts établis à travers le Canada, les États-Unis et l'Europe, Auguste Dupuis offre les produits de sa pépinière à une vaste clientèle.

Les nostalgiques trouveront dans l'édition 1894 de son catalogue : des pommiers de deux mètres à 60 cents, des cerisiers de France de taille équivalente à 75 cents et des weigelias à fleurs blanches et à fleurs roses à 50 cents. Payables en argent comptant, s'il vous plaît!

Recette : Le sirop du noble érable (*Acer saccharum*) coule sur les petites crêpes de la cabane ou agrémente les « grands-pères » traditionnels.

Pour faire concurrence à l'incontournable « réduit » mêlé à du « gros gin », je vous propose le cocktail de la relance économique.

Voici la composition d'un verre : 100 millilitres de vin blanc du Québec, 100 millilitres de cidre mousseux du Québec, une cuillerée à soupe de sirop d'érable du Québec, une cuillerée à soupe de jus de citron, une pincée de cannelle et un clou de girofle. Ajoutez des glaçons et décorez avec des petits morceaux de pommes québécoises. Remuez le tout délicatement et trinquez à la gloire du pays.

Ce cocktail accompagne merveilleusement les crêpes et les clafoutis aux pommes ou aux cerises 'Montmorency'.

1	La floraison de votre poinsettia tire à sa fin? Rabattez ses tiges du tiers de leur hauteur et diminuez les arrosages tout en le maintenant au frais pendant une période de repos d'environ six semaines. Ensuite, rempotez-le et reprenez les arrosages réguliers. Une fois passés les risques de gel, vous pourrez installer votre poinsettia au jardin dans un emplacement semi-ombragé. Il suffit de creuser un espace dans la plate-bande et d'y installer le pot.
2	Mars est le mois privilégié des semis. Si vous avez de très petites graines à semer, mélangez-les avec du sable, cela facilite la manipulation et permet un semis plus égal. Un bon mélange à semis peut être composé en parts égales de tourbe horticole, de terreau et de sable ou de perlite. Assurez-vous d'utiliser un terreau stérilisé pour prévenir la fonte des semis, une maladie fongique qui attaque les jeunes plants.
3	Pour stériliser vous-même un sol, humectez la terre et placez-la au four à 95°C pendant environ une demi-heure. Une fois les semis faits, recouvrir la surface du terreau de perlite, qui prévient la fonte des semis. Toujours sèche, la perlite forme un environnement moins propice au développement des champignons. Bien sûr, les commerces offrent un terreau artificiel dont le caractère aseptique est garanti.

MARS

Si vous recouvrez vos bacs à semis d'un couvercle de plastique, aérez-les dès qu'une condensation se produit.

4	La profondeur des semis varie en fonction de la grosseur des semences. Il est de règle de recouvrir les semences d'une épaisseur de terre équivalente à deux fois et demie leur diamètre. Lavez bien les contenants dans une eau savonneuse avant d'effectuer vos semis qui seront d'autant mieux protégés contre les maladies.
5	On peut trouver des calendriers de semis un peu partout, mais on doit les adapter. Les climats nordiques requièrent des semis plus tardifs, autrement les plants passeraient trop de temps dans la maison et finiraient par s'étioler et s'épuiser. Une règle à retenir : mieux vaut semer trop tard que trop tôt.
6	Si vous désirez multiplier une plante par bouturage, enfouissez les boutures dans la vermiculite ou dans un mélange tourbeux plutôt que dans l'eau. Les racines qui se développent dans l'eau sont plus fragiles. Lorsque vous prélevez une bouture, coupez à environ 5 mm sous un nœud, c'est-à-dire au point d'attache de la feuille à la tige.

7

En mars, nos plantes d'intérieur commencent à revivre. Voilà une excellente période pour les multiplier et les rempoter.

À semer en mars : brocoli, aubergine, chou, poireau, pétunia, muflier.

8

Pour bien réussir vos semis, donnez-leur beaucoup de lumière. Placez-les sous des fluorescents horticoles ou sous une combinaison de fluorescents blanc froid et blanc chaud, plus près de la lumière naturelle.

Laissez vos semis sous éclairage de quatorze à seize heures par jour.

9

Conservez vos semis à une température un peu plus fraîche la nuit.

10

Les contenants à pâtisseries ou à fruits et les sacs de plastique transparent font office de très bonnes petites serres pour les semis et les boutures de toutes sortes. Il suffit de surveiller la condensation ou la quantité d'eau accumulée dans le contenant. Cette solution économique prêche en faveur du recyclage.

11 Observer où, dans votre jardin, la neige disparaît tout d'abord et vous connaîtrez les meilleurs sites où enfouir les bulbes à floraison printanière l'automne prochain.

12 Pour que reste humide votre terreau à semis, couvrez-le d'un papier journal humecté ou d'une pellicule de plastique que vous prendrez soin de retirer dès la germination.

13 Rendez-vous à votre centre-jardin pour choisir vos bulbes à floraison estivale tels que les cannas, dahlias, bégonias tubéreux, etc.

Lorsqu'on bouture des tiges de géranium, il est préférable d'enlever les stipules, ces petites feuilles à la base des grosses feuilles; cela diminue les risques de pourriture.

14 Votre dieffenbachia est devenu trop long et sa base s'est dégarnie? Rajeunissez-le en effectuant un marcottage aérien. Il suffit de faire une incision sous la dernière feuille, de l'entourer de sphaigne humide et de retenir le tout en formant un manchon fixé par une bande de plastique. Maintenez le tout humide et, à la formation de racines, coupez complètement et déposez dans un terreau.

Les morceaux de tiges du dieffenbachia peuvent être coupés en tronçons d'une dizaine de centimètres et couchés sur un sol humide. Chacun formera un plant.

15

Voici le bon moment de rempoter les plantes dont les racines compactes s'enchevêtrent dans le fond du pot. Rappelez-vous que la taille des pots successifs doit augmenter très graduellement.

Arrive un moment où il est pratiquement impossible de rempoter une énorme plante. On peut néanmoins rafraîchir le terreau par un surfaçage. Il s'agit d'enlever quelques centimètres du terreau de surface et de le remplacer par du neuf.

16

Quand vous arrosez vos semis, utilisez toujours de l'eau tiède.

Quand vous planterez un arbuste sur un terrain pentu, enfoncez en amont un contenant légèrement perforé à la base et couvert à la surface pour éviter l'évaporation. Régulièrement rempli d'eau, ce contenant assurera l'alimentation continue de votre plant.

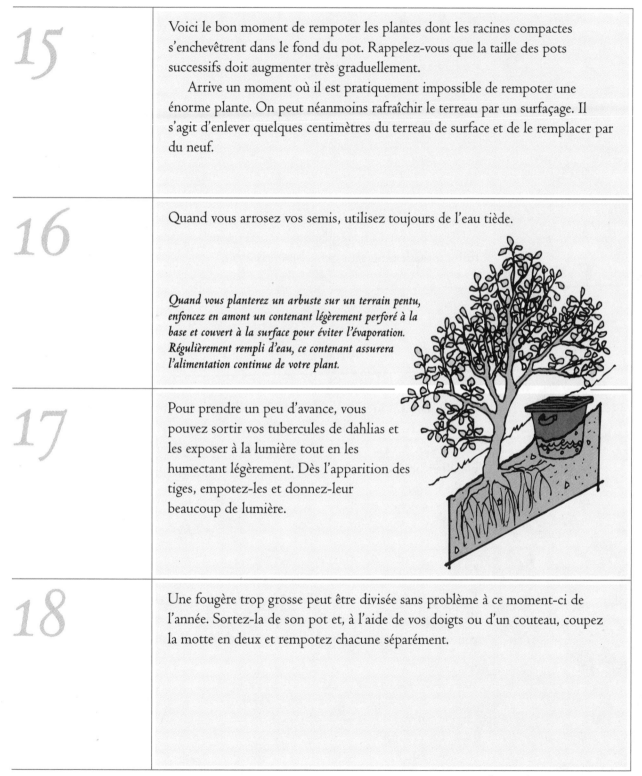

17

Pour prendre un peu d'avance, vous pouvez sortir vos tubercules de dahlias et les exposer à la lumière tout en les humectant légèrement. Dès l'apparition des tiges, empotez-les et donnez-leur beaucoup de lumière.

18

Une fougère trop grosse peut être divisée sans problème à ce moment-ci de l'année. Sortez-la de son pot et, à l'aide de vos doigts ou d'un couteau, coupez la motte en deux et rempotez chacune séparément.

19	C'est aujourd'hui la fête de saint Joseph, journée idéale, paraît-il, pour semer les tomates. La tradition veut également qu'on sème aujourd'hui les pétunias qu'on baptisera « pétunias de Saint-Joseph ».
20	Il est temps de mettre vos bégonias tubéreux en végétation. En maintenant la partie creuse vers le haut, plantez-les dans un mélange tourbeux sans les enfouir trop profondément, sans quoi ils pourriraient.
21	C'est le moment idéal pour effectuer la taille des arbres fruitiers, condition essentielle d'une bonne production de fruits. Lorsque vous enlevez une branche entière, assurez-vous de faire une coupe bien franche. L'écorce se cicatrisera d'elle-même, donc nul besoin d'appliquer quelque produit.
22	La vigne à raisins doit être taillée tôt au printemps, c'est-à-dire avant l'ouverture des bourgeons. Conservez trois ou quatre tiges vigoureuses sur chaque plant et coupez les autres au-dessus du quatrième bourgeon de la base.

23

L'huile de dormance est efficace contre plusieurs insectes dont les kermès. Elle convient aux arbres fruitiers et à la plupart des arbres et arbustes ornementaux.

L'application doit avoir lieu de préférence quand on est assuré que le mercure ne descendra pas sous le point de congélation dans les vingt-quatre heures.

24

On peut vaporiser nos arbres fruitiers avec de la bouillie soufrée afin de prévenir les maladies fongiques.

N'hésitez pas à enlever les cônes de protection si une vague de chaleur survient. Vous pourrez les replacer si nécessaire.

25

Si vous voulez limiter la croissance des hibiscus, taillez les racines, renouvelez le terreau et, après les avoir réinstallés dans le même pot, prenez soin de tailler aussi les branches en proportion des racines retranchées.

26

Avant de déposer une plante dans un pot de grès, faites-le tremper toute une nuit dans l'eau.

À retenir quand vous sèmerez! Il est trop astreignant de préparer des étiquettes? À la suite des semis dans le potager, agrafez le sachet vide sur un morceau de bois, puis recouvrir d'un sac en polyéthylène.

27

Pour bouturer un cactus, coupez d'abord une portion de tige, puis laissez-la sécher pendant quelques jours avant de la mettre en terre. Des risques de pourrissement seront ainsi éliminés.

28

Les dégâts printaniers sont davantage causés par l'alternance de gel et de dégel que par les excès de froid.

29

Il arrive que les bulbes d'ail émergent à la faveur du gel et du dégel. Si tel est le cas, tassez un peu la terre autour des bulbes.

30

L'érable argenté s'accapare tout et rien ne survit à ses côtés? Il y a peut-être une solution. Transplantez dans leur contenant des plantes qui s'accommodent de l'ombre. Chaque système radiculaire gardera son territoire pour le meilleur ou pour le pire.

31

Il vous tarde de voir vos premières fleurs. Prélevez dans le jardin un plant de violettes et empotez-le. Vous verrez bientôt des fleurs apparaître dans la mesure où le plant reçoit suffisamment de lumière.

Notes

AVRIL

Les maisons d'enseignement

De nos jours, plusieurs choix s'offrent aux jeunes Québécois désireux de faire carrière dans le domaine de l'horticulture. On trouve dans la plupart des régions des cours de niveaux secondaire et collégial, et les universités Laval, McGill et de Montréal dispensent une formation supérieure en horticulture et en aménagement du paysage.

Autrefois, l'enseignement dans ce domaine se limitait à quelques cours dans les écoles d'agriculture.

C'est Monseigneur de Laval qui, en 1670, mit sur pied la première école d'agriculture à Saint-Joachim, sur la côte de Beaupré, près de Québec. Destinée aux fils des colons, celle-ci n'accueillit que six élèves par année jusqu'en 1715. La seconde école d'agriculture ouvrit ses portes en 1832, à Charlesbourg.

Photo : M. Langlois

Recette : Ça vous dirait, des petits chatons d'avril confits? Non, n'alertez pas la Société protectrice des animaux, mais cherchez plutôt celle des végétaux, puisqu'il s'agit des encombrants chatons de saule. Voici comment préparer des chatons de saule confits, ce qui vaut d'ailleurs pour la majorité des fleurs fraîches.

Préparez un sirop en portant à ébullition deux parts égales d'eau et de sucre, soit environ 200 millilitres de sucre et 200 millilitres d'eau. Laissez tiédir, puis, à l'aide d'une écumoire, plongez-y les chatons de une à trois minutes. Rapidement, étalez-les sur une plaque légèrement huilée. Laissez quelque peu refroidir; roulez et saupoudrez de sucre à glacer. Ces petites friandises possèdent des vertus précieuses : elles calment l'angoisse et favorisent le sommeil. Certains leur reprochent de n'être pas aphrodisiaques!

1	Pour entreprendre la saison du bon pied, vérifiez l'état de vos outils et aiguisez-les si nécessaire.
2	L'équipement de base d'un jardinier comporte une pelle, une fourche-bêche, un râteau, un balai japonais, une truelle et, bien sûr, un sécateur.
3	Semez à l'intérieur vos concombres, vos courges et vos citrouilles. Choisissez des contenants de tourbe pressée que vous pourrez déposer dans la terre, car ces plants réagissent mal au dérangement. Vous pouvez également semer les choux d'été, la laitue tardive comme la Boston, la marjolaine et la mélisse.

AVRIL

« En avril, ne te découvre pas d'un fil », recommande le dicton qui, incidemment, ne s'applique pas aux plantes. Enlevez progressivement ce qui protégeait vos arbustes, vos conifères et vos rosiers. Cependant, couvrez de nouveau vos rosiers si le mercure indique -10°C.

Pour découvrir vos conifères, choisissez une journée ombragée : le feuillage ne risquera pas d'être brûlé par les rayons du soleil.

4	Dès la fonte des neiges, arrosez les endroits de la pelouse que le sel de déglaçage aurait pu atteindre : en bordure des trottoirs ou de l'entrée du garage, par exemple. Cette mesure réduira les dommages éventuels. Arrosez le feuillage de vos conifères surtout en milieu urbain pour les débarrasser des embruns salins et de la poussière.
5	Achetez des tubercules de gloxinias au centre-jardin et plantez-les individuellement dans des pots de 10 ou 15 centimètres en maintenant la partie supérieure du tubercule au-dessus du sol. Une fois leur croissance amorcée, placez-les à la lumière vive.
6	Dès que l'état du sol le permet, déterrez les rosiers grimpants et installez-les sur leur support.

7

Vous cherchez une annuelle grimpante à croissance rapide? Essayez le dolique (*Dolichos lablab*), le cobéa grimpant (*Cobea scandens*) ou encore le haricot d'Espagne (*Phaserolus coccineus*).

Les perce-neige et les crocus ne tarderont pas à paraître.

8

Dès qu'apparaîtront clairement trois ou quatre feuilles, repiquez vos semis en les plantant plus profondément dans des contenants individuels. Lorsque vous manipulez de jeunes plants, tenez-les toujours par les feuilles plutôt que par les tiges.

Pendant quelques jours, évitez d'exposer directement au soleil ces plants repiqués.

9

Quand vous semez d'emblée dans des pots individuels, éclaircissez les jeunes plants en coupant à l'aide d'un ciseau et au niveau du sol ceux qui doivent être éliminés. Conservez un seul plant par godet ou, si plusieurs sont réunis dans un plus grand contenant, espacez-les de 2 à 5 cm.

Jardinier du dimanche peu disponible pour sarclage des mauvaises herbes, cherche solution. Étendez un couvre-sol du type géotextile; incisez aux endroits de plantation; recouvrez d'écorces broyées ou autres.

10

11	Rempotez vos géraniums (*Pelargonium*) qui ont passé l'hiver à l'intérieur; raccourcissez les tiges et logez les pots dans la lumière. Vous pourrez les déposer au jardin une fois passés les risques de gel.
12	Semez à l'intérieur les annuelles à croissance rapide : zinnias, œillets d'Inde et cosmos. On peut également semer le ricin à l'intérieur dans des pots de tourbe, quitte à les sortir à la fin mai. Cette plante à croissance rapide, qui peut atteindre deux mètres de hauteur, est idéale pour créer des massifs ou masquer des coins peu esthétiques.
13	Commencez le nettoyage des plates-bandes de vivaces. Coupez au ras du sol le feuillage mort; replacez les mottes déplacées par l'action du gel et du dégel. Incorporez au sol de vos plates-bandes de vivaces un surplus de matière organique comme du compost, ou du fumier, ou encore un engrais complet (par exemple, le 4-12-8).
14	Dans le potager, pas de bêchage avant que le sol ne soit tout à fait drainé. *C'est connu, radin comme un Normand… mais là, voyez-vous, pas question de gaspiller des quantités d'herbicide pour quelques pissenlits dans la pelouse. Un pinceau, de l'herbicide et hop!*

15

Avant d'effectuer quelque travail sur votre pelouse, attendez qu'elle soit bien épongée. Si vous sentez le sol mou sous vos pieds, il est encore trop tôt; vous risqueriez de compacter le sol.

Un vieux truc simple pour bouturer des rosiers ou des arbustes. L'un dans l'autre, deux pots en terre cuite dont le plus grand, rempli de tourbe de mousse, conserve l'humidité et protège des rayons du soleil. Le pot qui porte les boutures contient un mélange de sable grossier, de terreau ou de tourbe ou de perlite.

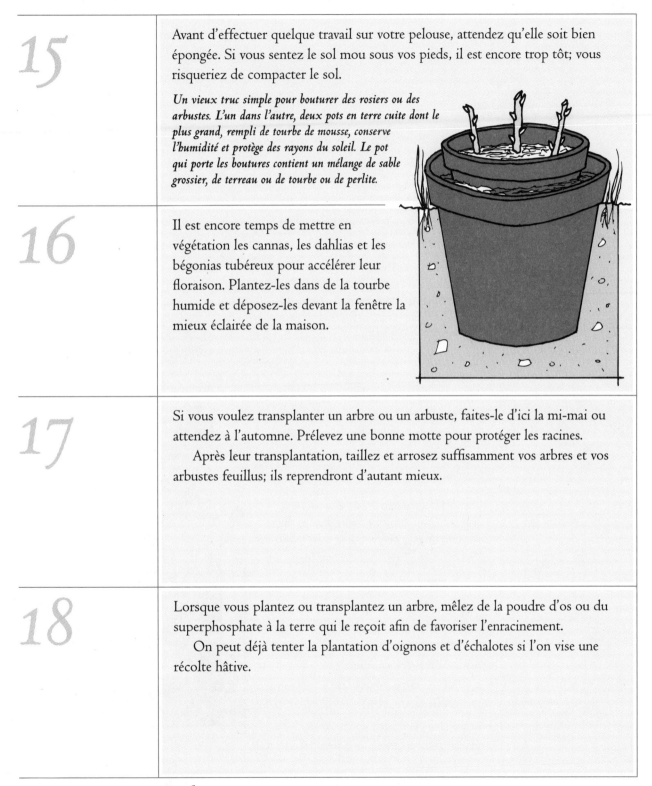

16

Il est encore temps de mettre en végétation les cannas, les dahlias et les bégonias tubéreux pour accélérer leur floraison. Plantez-les dans de la tourbe humide et déposez-les devant la fenêtre la mieux éclairée de la maison.

17

Si vous voulez transplanter un arbre ou un arbuste, faites-le d'ici la mi-mai ou attendez à l'automne. Prélevez une bonne motte pour protéger les racines.

Après leur transplantation, taillez et arrosez suffisamment vos arbres et vos arbustes feuillus; ils reprendront d'autant mieux.

18

Lorsque vous plantez ou transplantez un arbre, mêlez de la poudre d'os ou du superphosphate à la terre qui le reçoit afin de favoriser l'enracinement.

On peut déjà tenter la plantation d'oignons et d'échalotes si l'on vise une récolte hâtive.

19

À défaut d'avoir planté l'ail l'automne dernier, faites-le maintenant dans une terre bien drainée en vous assurant que chaque gousse effleure la surface du sol.

20

Si vous ne l'avez fait l'été dernier, taillez les framboisiers et enlevez toutes les tiges mortes ou qui ont porté des fruits l'an passé. Raccourcissez les branches trop longues et éclaircissez les touffes trop denses.

Pour vous assurer une bonne récolte de framboises, appliquez un fumier bien décomposé à la base des plants.

21

Si certaines fines herbes vivaces comme l'estragon ou la ciboulette ont pris beaucoup d'ampleur, divisez-les à ce moment-ci de l'année.

Dans le but d'économiser l'eau et votre temps, voilà une façon ingénieuse d'aller droit au but, sans compter que l'eau injectée près des racines n'est pas soumise au processus d'évaporation.

22

Le début du printemps convient particulièrement à la plantation d'arbres et d'arbustes aux racines nues ou en motte et de gros calibre.

Pour ce faire, creusez un trou d'au moins une fois et demie la grosseur de la motte, puis comblez par un bon terreau favorable à l'établissement des racines.

23

La floraison terminée, conservez vos primevères achetées en pot chez le fleuriste. Dans quelques semaines, vous pourrez les transplanter dans un endroit ombragé et elles refleuriront à chaque printemps.

24

Taillez les rosiers grimpants dès que les bourgeons seront suffisamment gonflés pour reconnaître et éliminer le bois mort. Les rosiers grimpants fleurissent sur le vieux bois. La taille consiste donc à rabattre les branches plus vieilles. Rabattez à la base du sol en conservant cinq à huit branches vigoureuses.

25

Lorsque vous plantez un arbuste en pot, et que vous remarquez que ses racines sont enroulées, faites une croix à l'aide d'un couteau sous la motte. Ceci favorisera la croissance de nouvelles radicelles et empêchera les racines de tourner... en rond!

Rares sont les érémurus dans nos jardins. Pourtant, un sol bien drainé contenant au moins 50 % de sable leur conviendrait. Dans un sol argileux, il est préférable de les planter sur un monticule.

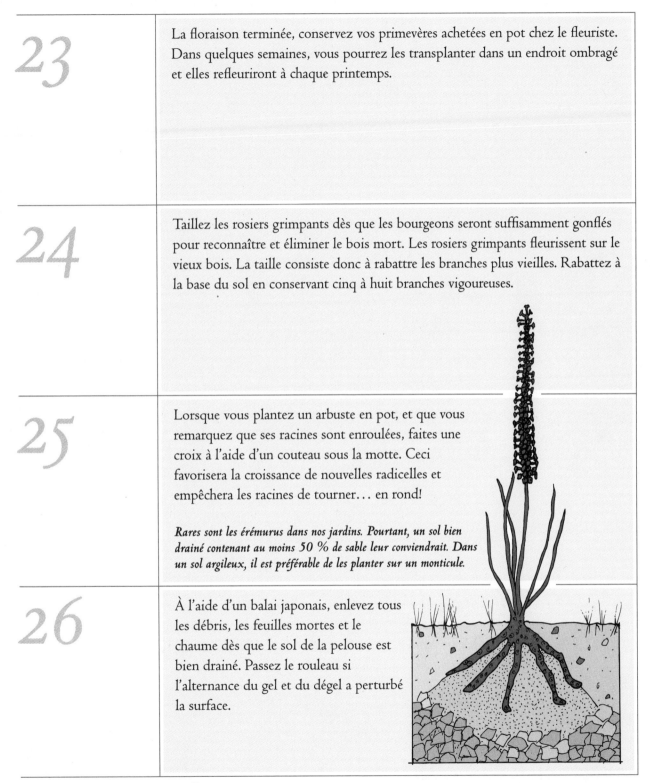

26

À l'aide d'un balai japonais, enlevez tous les débris, les feuilles mortes et le chaume dès que le sol de la pelouse est bien drainé. Passez le rouleau si l'alternance du gel et du dégel a perturbé la surface.

27 Taillez vos rosiers hybrides en conservant de trois à cinq bonnes branches robustes que vous prendrez soin de raccourcir à 10 ou 15 cm en les coupant juste au-dessus d'un bourgeon dirigé vers l'extérieur. Par la même occasion, enlevez tout le bois mort et celui que le gel a noirci.

28 On peut tailler maintenant les arbustes qui ne fleurissent pas au printemps : entre autres, les symphorines, les *Sorbarias*, la potentille. Pour ce faire, coupez au sol quelques-unes des plus vieilles branches, raccourcissez les plus longues et aérez le centre de l'arbuste pour permettre au soleil de pénétrer.

29 Certaines fines herbes peuvent être semées directement au jardin, comme la bourrache, le cerfeuil, l'aneth, le thym et la sarriette.

30 Un arbuste donne des signes de vieillesse? Étalez sur une période de deux ou trois ans une taille de rajeunissement. Chaque année, coupez au niveau du sol le tiers des plus anciennes branches. Cette taille profite grandement aux arbustes dégarnis à la base comme les chèvrefeuilles.

Notes

MAI

Les Floralies

Le dernier grand événement horticole au Québec remonte à 1980, alors que vingt-deux pays participent aux Floralies internationales de Montréal. C'est une première sur le continent nord-américain et, pour l'occasion, toute l'île Notre-Dame est convertie en corbeille de fleurs.

Pendant cet été de rêve pour les amateurs, se côtoient les incomparables traditions horticoles de la France, de l'Italie, de la Hollande, de la Chine et du Japon. Les Québécois prennent enfin conscience de l'importance de la recherche et du travail horticoles chez eux et dans la vie d'un peuple.

Photo : Roméo Meloche

Les Floralies donnent une impulsion sans précédent à l'horticulture ornementale québécoise, et beaucoup se souviendront de ce moment privilégié où le langage des plantes a permis à des hommes et à des femmes du monde entier de s'approcher les uns des autres et de se comprendre.

Recette : Halte au massacre des pissenlits, s'écrie Madame Brigitte Bardot. Oui à la fabuleuse salade aux petits lardons, s'écrie Vigoron.

Moi? à quatre pattes sur une pelouse humide pourchassant les petites fleurs jaunes? Jamais! Je le cultive, moi, le pissenlit, et pas n'importe quel : le géant, le grand, le Pissenlit amélioré. Même, je les blanchis mes pissenlits à l'aide de contenants opaques, gisant çà et là dans mon potager. Mieux, je les butte de terre fine et légère, car moi, je les aime les pissenlits dans mon assiette. Voici ma recette.

Cueillez les feuilles de pissenlits avant la floraison. Bien les laver. Faites revenir des petits morceaux de lard. Préparez une vinaigrette avec de l'huile, du vinaigre balsamique, de la moutarde de Dijon, sel et poivre noir. Versez sur les feuilles. Faites pocher un œuf par personne. Servez sur la salade les lardons et l'œuf chaud. Un régal!

1	C'est la semaine de l'arbre, profitez-en pour en planter un! Si vous ne disposez que d'un espace restreint, plantez un pommetier décoratif (*Malus*), un érable de l'Amur (*Acer ginnala*), un lilas du Japon (*Syringa reticulata* 'Ivory Silk') ou un sorbier à feuilles de chêne (*Sorbus* x *thuringiaca* 'Fastigiata'). Si vous plantez un arbre acheté en pot, prenez soin de déchirer le fond et les côtés du pot avant de le mettre en terre, fût-il biodégradable. En effet, ces pots mettent un certain temps à se désagréger.
2	Quand les bourgeons d'un arbre ne parviennent pas à ouvrir, grattez l'écorce d'une jeune branche avec votre ongle pour vérifier si le bois est encore vert. Dans l'affirmative, il y a encore de l'espoir.
3	Profitez des premières journées chaudes pour acclimater vos jeunes semis au grand air. Allez-y doucement. Choisissez une journée plutôt nuageuse et laissez-les à peine quelques heures dehors pendant les trois premiers jours. Ils s'adapteront progressivement au soleil et au vent. Le processus d'acclimatation des jeunes plants peut prendre de sept à dix jours. Ensuite, vous pourrez les transplanter.

MAI

À tous les trois, quatre ou cinq ans, la plupart des vivaces doivent être divisées au début du printemps, sauf celles qui fleurissent tôt comme le muguet, les pulmonaires, etc. Ces dernières attendront l'automne pour être divisées.

Sortez la motte du sol et séparez-la à l'aide d'une fourche ou d'une pelle. Avant de remettre en terre, amendez le sol de votre plate-bande; après, arrosez bien.

4

Si vos talles de rhubarbe sont trop denses, divisez-les maintenant. Rappelez-vous qu'il convient de ne pas cueillir plus des deux tiers des tiges sur chaque plant si l'on ne veut pas trop réduire leur vigueur.

N'effectuez aucune cueillette sur de jeunes plants de rhubarbe. Attendez au moins une année après la plantation.

5

Ces jours-ci, délaissez votre jardin pour quelques heures et promenez-vous dans une érablière en pleine floraison. Les trilles, les érythrones, les clintonies colorent les sous-bois comme à nul autre moment de l'année.

6

Le muguet annonce l'arrivée officielle du printemps. Déposez des petits bouquets ici et là dans la maison pour profiter pleinement de ce parfum unique.

7

Malgré sa fleur jaune vif, le pissenlit ne s'attire pas la sympathie tant il s'obstine à pousser là où il ne faudrait pas. Pour désencombrer votre pelouse, appliquez un herbicide au printemps et à la mi-août, ou encore arrachez vous-même les pissenlits y compris la racine.

Les jeunes feuilles de pissenlit sont délicieuses en salade. Quant aux fleurs, elles font un vin que plusieurs apprécient.

8

Si vous voulez redonner un peu de vigueur à votre pelouse, procédez à son aération à l'aide d'une fourche ou d'un aérateur disponible en location. Ensuite, terreautez, c'est-à-dire ajoutez un peu de terre en surface, puis ressemez. On peut ressemer jusqu'à la mi-juin. Profitez-en pour regarnir les endroits abîmés par le sel de déglaçage.

9

Pour faire reverdir rapidement votre pelouse, appliquez un engrais riche en azote (dont le premier chiffre sur l'étiquette est plus élevé que les deux autres).

10

Un moyen efficace pour séparer délicatement une touffe de vivaces très dense : en guise de levier, faites jouer deux fourches plantées dos-à-dos dans le sol.

11 Avant d'effectuer vos premiers semis au potager, remuez le sol à l'aide d'une binette pour briser les mottes et obtenir une surface homogène et fine, favorable au semis.

Il est toujours préférable de maintenir la base des jeunes arbres dégagée de pelouse et de mauvaises herbes. On peut installer un paillis pour empêcher la croissance de celles-ci.

12 Dans la région de Montréal, semez les plantes qui n'ont pas peur du froid comme les épinards, les laitues et les radis.

Les radis qui croissent rapidement seront d'autant plus tendres et savoureux. Semez-les aussitôt le sol réchauffé : ils profitent de la fraîcheur, mais ralentissent leur croissance dès qu'il fait trop chaud.

13 Pralinez les rosiers à racines nues ou en sac avant de les planter. Il s'agit de les faire tremper pendant environ une heure dans un mélange d'eau, de terre à jardin et de fumier. Ensuite, étalez bien les racines au fond du trou en vous assurant que la greffe soit située à environ 3 cm sous le niveau du sol.

14 Quand vous semez de la pelouse, maintenez la surface du sol humide jusqu'au moment de la germination qui s'amorce généralement une semaine plus tard. Les semis récents sont vulnérables à la sécheresse et au piétinement.

Voilà un bon moment pour fertiliser les arbres, les arbustes, les vivaces et les rosiers.

15 Avant de procéder à la plantation des tubercules de dahlias, travaillez la terre sur 25 cm autour de leur emplacement, en y mêlant de la bonne terre à jardin et du compost ou du fumier bien décomposé.

Déposez les tubercules à environ 10 à 20 cm de profondeur et n'oubliez pas de procurer un tuteur aux hybrides à grand développement.

16 Lorsque vous choisissez vos caissettes d'annuelles, optez pour des plants courts, trapus et dénués de fleurs. La reprise à la suite de la transplantation sera plus facile.

*Il ne faut absolument pas enterrer complètement le rhizome des **Iris germanica** et de quelques autres iris qui réclament un maximum de lumière pour fleurir.*

17 Quand la floraison des plantes bulbeuses est terminée, coupez les fleurs fanées, mais laissez le feuillage jusqu'à ce qu'il jaunisse pour permettre aux bulbes d'accumuler les réserves propices à la prochaine floraison.

18 Vos pommiers sont en fleurs? N'appliquez aucun insecticide : cela risquerait de tuer les abeilles responsables de la pollinisation.

Pensez à tuteurer vos pivoines au moyen de cerceaux qui retiendront les tiges chargées de grosses fleurs. Autrement, les plants pourraient s'écraser sous la première pluie.

19

Avant de semer vos pois de senteur, faites-les tremper dans l'eau pendant douze heures dans le but d'accélérer la germination.

En guise de plantes retombantes ornant vos boîtes à fleurs, essayez les brachycomes, les lysimaques, la vinca ou l'étoile de Bethléem (*Solanum jasminoides*).

Pour marcotter un rosier à tiges sarmenteuses, une ronce sans épine, un magnolia, un rhododendron, un saule, etc., faites une entaille sous la tige, rivez-la au sol à l'aide d'un crochet en fil de fer, puis recouvrez de terreau meuble. Attendez un an; séparez du pied mère, puis déterrez puis replantez.

20

Plantez au jardin les bulbes des fleurs reçues à Pâques ou à la fête des mères : tulipes, jacinthes et crocus. Il y a de fortes chances qu'ils refleurissent dans deux ans.

21

Soignez le désherbage de toutes les parties du jardin, car les mauvaises herbes gagnent vite du terrain en cette saison.

Avant de procéder à la plantation de vos annuelles en caissettes, arrosez-les bien, vous arriverez à mieux les séparer et la reprise sera plus solide.

22

S'il vous tarde de planter vos annuelles alors que vos plantes bulbeuses occupent encore tout l'espace, déterrez-les en soulevant une bonne motte de terre et installez-les dans un coin inoccupé du potager ou encore dans des seaux que vous arroserez jusqu'à ce que le feuillage jaunisse. Vous pourrez ensuite entreposer les bulbes dans un endroit frais pendant l'été.

23 Taillez vos pins avant que les nouvelles aiguilles n'éclosent. Coupez du tiers à la moitié les « chandelles », quitte à les laisser plus longues sur les branches de la base, sans quoi l'harmonie de l'ensemble serait compromise.

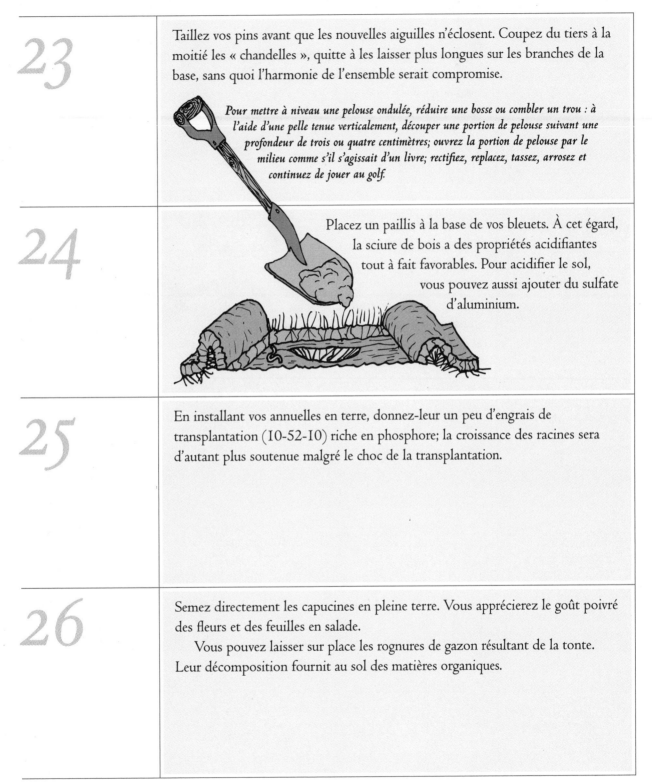

Pour mettre à niveau une pelouse ondulée, réduire une bosse ou combler un trou : à l'aide d'une pelle tenue verticalement, découper une portion de pelouse suivant une profondeur de trois ou quatre centimètres; ouvrez la portion de pelouse par le milieu comme s'il s'agissait d'un livre; rectifiez, replacez, tassez, arrosez et continuez de jouer au golf.

24 Placez un paillis à la base de vos bleuets. À cet égard, la sciure de bois a des propriétés acidifiantes tout à fait favorables. Pour acidifier le sol, vous pouvez aussi ajouter du sulfate d'aluminium.

25 En installant vos annuelles en terre, donnez-leur un peu d'engrais de transplantation (10-52-10) riche en phosphore; la croissance des racines sera d'autant plus soutenue malgré le choc de la transplantation.

26 Semez directement les capucines en pleine terre. Vous apprécierez le goût poivré des fleurs et des feuilles en salade.

Vous pouvez laisser sur place les rognures de gazon résultant de la tonte. Leur décomposition fournit au sol des matières organiques.

27

Le ver gris coupe les plants au ras du sol. Pour éviter ses dégâts, entourez de papier aluminium la base des plants de tomates et de poivrons, entre autres, ou entourez-les d'une boîte de conserve vide dont on aura enlevé les deux extrémités.

Tuyaux et piquets viendront à bout de l'anarchique boyau d'arrosage qui fait généralement peu de cas des jeunes plants du potager.

28

Ne surfertilisez pas vos fines herbes : une croissance rapide équivaut à une perte d'arôme.

Semez de la bourrache dont les jolies fleurs bleues et les jeunes feuilles agrémentent les salades.

29

On peut créer un jardin intéressant sur son balcon. Choisissez des contenants assez grands. Un plant de tomates, par exemple, requiert un pot de quelque 30 cm de profondeur.

Tout contenant servant à la culture de fleurs ou de légumes doit être muni de trous de drainage.

30

Installez vos glaïeuls en terre à une semaine d'intervalle les uns des autres dans le but de prolonger la période de floraison.

Les bulbes de glaïeul doivent être plantés à environ 6 ou 8 cm de profondeur; autrement le vent pourrait les déraciner.

31

Avant de planter les bulbes de renoncules, faites-les tremper dans l'eau pendant vingt-quatre heures.

Tentez la plantation d'autres plantes bulbeuses printanières comme les tigridias, les lys callas (*Zantedescia*), les anémones, les cannas, etc.

Notes

JUIN

Des gares bien fleuries

Au début du XXe siècle, heure de gloire de l'histoire ferroviaire, la compagnie du Canadien Pacifique joue un rôle de premier plan dans le développement de l'horticulture ornementale. Soucieux de souligner aux visiteurs la fertilité et la beauté du pays, la compagnie consacre beaucoup d'argent et d'énergie à l'aménagement de somptueux jardins floraux à proximité de ses 1 200 gares.

Chaque année, les chefs de gare reçoivent une enveloppe de graines variées et les informations requises pour réaliser un aménagement rigoureusement planifié.

De plus, le Canadien Pacifique organise un concours annuel pour encourager les plus belles réalisations horticoles. D'après les archives de la compagnie, les plus beaux jardins floraux du Québec agrémentaient entre autre les gares de Farnham, de Sainte-Adèle et de Yamachiche.

Photo : Collection Canadien Pacifique

Recette : Dès que les robiniers sont en fleurs (*Robinia pseudo-acacia*), cueillez délicatement les grappes très parfumées le matin, une fois la rosée disparue.

Préparez une pâte à crêpe très légère. Pour une dizaine de belles grappes de fleurs, il faut : 250 grammes de farine, un jaune d'œuf, 15 ml de beurre fondu, 200 ml de lait. Mélangez bien, afin d'obtenir une pâte lisse. Laissez reposer. Au moment de passer à la friteuse, incorporez délicatement deux blancs d'œuf battus en neige bien ferme. Plongez les grappes de fleurs dans le mélange.

Faites frire quelques minutes dans de l'huile de tournesol. Déposez sur une plaque beurrée et saupoudrez de sucre à glacer. Au moment de servir, arrosez copieusement le tout de la liqueur de votre choix (Grand Marnier, Mandarine Napoléon, Cointreau).

1	Dans la région de Montréal, voici le temps de semer les plantes un peu plus fragiles comme les haricots et les concombres. On peut aussi planter les tomates et les poivrons. Ailleurs au Québec, attendez que les risques de gel soient parfaitement éliminés. Lorsque vous transplantez les plants de tomates, déposez-les plus profondément dans le sol que dans leur pot. Ils développeront ainsi des racines sur la portion de tige enfouie dans la terre et seront plus vigoureux.
2	C'est tout de suite après leur floraison que l'on doit tailler les arbustes à floraison printanière comme les lilas, les spirées, les amélanchiers, les magnolias, etc. Ressemer des radis, des épinards et de la laitue pour obtenir une seconde récolte.
3	Enlevez le maximum de fleurs fanées sur vos lilas pour empêcher la fructification. Pour ce faire, coupez juste au-dessus d'une paire de feuilles. Votre lilas n'a pas fleuri? Voici les causes les plus courantes : manque de soleil, fertilisation trop riche en azote, taille trop sévère ou manque de calcium et de magnésium. Dans ce dernier cas, l'ajout de chaux dolomitique peut corriger la situation.

JUIN

De la mousse dans votre pelouse indique un sol acide ou mal drainé ou trop ombragé. L'application de chaux résout les problèmes d'acidité.

4

Si nécessaire, vous pouvez effectuer un dernier semis de pelouse.

Lorsque vous plantez vos tomates, installez tout de suite vos tuteurs. En attendant plus tard, vous pourriez endommager les racines.

Afin que les plantes aquatiques immergées restent au fond du bassin ou à mi-eau, attachez une pierre à la motte ou au contenant qui les loge.

5

Si jamais l'on prévoyait que le mercure puisse descendre sous les 10°C pendant la nuit, couvrez d'un sac de plastique vos plants de tomates, de concombres et de poivrons, ainsi que vos annuelles.

N'oubliez pas d'éclaircir les semis du potager. Après une pluie, cette intervention est plus facile.

6

Si vous observez un noircissement des fleurs sur vos sorbiers au lieu du brunissement habituel à la fin de la floraison et le flétrissement des jeunes rameaux, coupez-les en prenant soin de stériliser votre sécateur avec de l'eau de Javel ou de l'alcool à 60 % après chaque coupe, car il s'agit probablement de la brûlure bactérienne, une maladie fatale dont il faut éviter la propagation.

La bactérie à l'origine de cette maladie est transportée par les abeilles qui l'introduisent dans la plante par le truchement de la pollinisation.

7

Pour soutenir votre lutte contre les mauvaises herbes dans la plate-bande, installez un paillis entre les plantes vivaces et les annuelles. D'ailleurs, les paillis ont l'avantage de réduire l'évaporation d'eau, donc moins d'arrosage! De 5 à 10 cm d'épaisseur, ce paillis peut être de copeaux de bois, de bouts d'écorce, de mousse de tourbe ou même de papier journal découpé en lanières.

8

Lorsque vous plantez une clématite, couchez le plan en l'inclinant vers son tuteur et enfouissez-le un peu plus profondément pour favoriser l'apparition de nouvelles tiges et obtenir un plant bien fourni.

9

La tête au soleil, les pieds à l'ombre, voilà de quoi faire plaisir à votre clématite. Cette plante est particulièrement vulnérable à l'insolation. Côté sud, plantez un arbuste à feuillage léger qui la protégera. Sinon, une planche ferait l'affaire.

10

Taillez vos haies de feuillus du tiers à la moitié de la nouvelle pousse. La forme idéale d'une haie se rapproche de la pyramide : la base doit être plus large que le sommet pour permettre au soleil de pénétrer partout. Autrement, la base viendra à se dégarnir.

11

En faisant votre compost, alternez les couches de matière sèche (feuilles mortes, sciure de bois, etc.) et de matière verte (déchets de fruits et légumes, etc.).

Les mauvaises herbes qui ne portent pas de semences peuvent être ajoutées au compost.

12

On ne devrait jamais tondre la pelouse à plus d'un tiers de sa hauteur à la fois.

Comment faire croître et mûrir une pomme dans une bouteille? Choisissez un fruit sain et repérez une branche suffisamment longue pour insérer la jeune pomme dans une bouteille teintée de vert. Attachez la bouteille à la branche de telle façon que le goulot soit dirigé vers le bas. L'automne venu, lorsque le fruit est mûr, détachez la bouteille, puis après désinfection à l'aide d'un peu d'alcool à 40°, remplissez-la de calvados.

13

Si les mauvaises herbes poussant entre les dalles de votre trottoir vous embêtent, l'eau bouillante salée les élimine pour un moment.

14

Au cours de la première année de plantation des fraisiers, mieux vaut enlever les fleurs pour permettre aux plants de bien s'établir avant de commencer à produire.

15

Certaines plantes d'intérieur gagnent à passer l'été dehors : entre autres, l'hibiscus, l'azalée, les cactus. Allez-y tout doucement; d'abord, quelques heures par jour en augmentant graduellement.

Sortez aussi votre amaryllis. Installez le pot dans un trou aménagé à même la plate-bande. Elle prendra beaucoup de vigueur et produira une floraison d'autant plus magnifique.

16

Pour conserver le vert de votre pelouse pendant la canicule, gardez-lui une hauteur de huit à neuf centimètres. Bref, si vous relevez les roues de la tondeuse, votre gazon relèvera la tête. L'équation est simple : plus les brins d'herbe sont courts, plus leurs racines sont également courtes, plus celles-ci ont besoin d'eau et plus la pelouse brûle quand elles en manquent.

17

Pincez les chrysanthèmes et les asters pour augmenter leur floraison.

En salade, les jeunes feuilles tendres des betteraves sont délicieuses.

18

Sortez votre poinsettia et installez-le dans un coin semi-ombragé du jardin. Il prendra beaucoup de vigueur et, à l'automne, une fois dans la maison, laissez-le quatorze heures par jour à l'obscurité et à la lumière le reste de la journée. Avec ce traitement, il est de fortes chances qu'il refleurisse.

19 À tout moment de la saison, les arbustes et les plantes vivaces vendus en pot peuvent être plantés au jardin.

20 Pour en faire des bouquets, il vaut mieux couper les fleurs le matin : gorgées d'eau, elles se conserveront plus longtemps.

Une technique judicieuse pour l'épandage des herbicides radicaux dans les allées du jardin. En guise de paravent, une planche protège des éclaboussures, sinon gare aux lendemains des plantes de la bordure.

21 Le balai de sorcière est une maladie virale transportée par les pucerons; elle s'attaque au chèvrefeuille en déformant l'extrémité de ses tiges. Coupez les tiges affectées 15 cm plus bas que la déformation. N'oubliez pas de stériliser votre sécateur dans de l'eau javellisée ou de l'alcool à 60 % et ce, entre chaque coupe.

22 Pour réduire les arrosages de vos boîtes à fleurs et de vos plantes en pot, recouvrez la surface du sol d'une couche de tourbe horticole.

23

Pour conserver plus longtemps le magnifique pavot oriental tienne dans un vase, cautérisez à l'aide d'un briquet ou d'une allumette la base des tiges qui contiennent un latex, puis déposez dans l'eau.

24

L'iris versicolore, une plante des milieux humides québécois, pourrait adéquatement tenir lieu d'emblème floral du Québec. En revanche, comme le lys blanc n'est pas rustique dans nos régions, sa valeur symbolique traditionnelle est loin d'être évidente.

Vous pouvez cultiver l'iris versicolore dans votre jardin; il préfère les emplacements humides et ensoleillés et il fleurit en juin.

25

Attention au cryocère du lys, un petit insecte allongé de couleur rouge. Il peut rapidement dévorer vos plants de lys. Si vous l'apercevez, écrasez-le et arrosez vos plants avec un jet d'eau puissant ou saupoudrez vos plants de roténone.

Les pucerons font leur apparition? Vaporisez les plants atteints avec un savon insecticide que vous pouvez préparer en mélangeant 25 millilitres de savon à vaisselle doux dans 4 litres d'eau.

26

Taillez les conifères comme les genévriers, les épinettes, les cèdres en ne coupant que la moitié de la nouvelle pousse. Ne coupez jamais dans le vieux bois (de plus d'un an), car les conifères n'ont pas la propriété d'y former de nouveaux bourgeons.

27

Vos pivoines ne fleurissent pas? Elles ont peut-être été plantées trop profondément : les rhizomes doivent être recouverts d'à peine 5 cm de terre. Huit heures de soleil par jour sont nécessaires pour obtenir une bonne floraison.

La pivoine (*Pæoni*) tient son nom de Pæon, personnage de la mythologie grecque qui utilisa cette plante pour guérir Pluton d'une blessure infligée par Hercule.

28

Biner le sol des plates-bandes et du potager permet de mieux maîtriser les mauvaises herbes et favorise une meilleure pénétration de l'eau de pluie en réduisant le ruissellement. Selon les jardiniers, un binage vaut deux arrosages!

Lorsque vous arrosez, évitez le feuillage des rosiers, surtout les hybrides, pour réduire les risques de maladies fongiques.

29

Si de petites pustules rouges apparaissent sur les feuilles d'un érable, elles indiquent la présence d'un petit acarien (le phytopte vésiculaire) dont les dommages sont plutôt d'ordre esthétique. On peut venir à bout de cet arachnide en appliquant de l'huile de dormance avant même l'ouverture des bourgeons au printemps.

Tout au long de l'été, retranchez les gourmands qui poussent à la base des rosiers greffés. Ils se développent à partir du porte-greffe et prennent beaucoup d'énergie. Coupez le plus près possible de la tige principale.

30

Sur vos concombres et autres plantes de la même famille, surveillez l'apparition de la chrysomèle, un insecte au corps allongé rayé de noir et de jaune. En plus de s'attaquer aux feuilles et aux tiges, il peut transmettre la flétrissure bactérienne qui cause la fanure, puis la mort du plant. Pour éliminer l'insecte, saupoudrez sur les plants de la roténone.

Notes

JUILLET

Une institution légendaire

Quel amateur d'horticulture au Québec ne connaît pas la maison W.H. Perron? C'est le 7 novembre 1928, que Wilfrid-Henri Perron, dixième enfant d'une famille de dix-huit, inaugure sa célèbre entreprise.

Mais, contrairement à ce que bien des gens croient, ce n'est pas à Laval que l'entreprise voit le jour, mais bien au 931 de la rue Saint-Laurent, à Montréal. À cette époque, la Maison Perron se spécialise dans la vente de graines et, dès 1930, elle publie un catalogue annuel dont les données techniques inspirent même l'enseignement dispensé par diverses associations horticoles québécoises. En 1976, l'Université Laval crée la chaire W.H. Perron de la faculté des Sciences de l'agriculture en hommage à cet homme qui contribua à jeter les bases techniques et scientifiques de l'horticulture au Québec.

Recette :

L'hémérocalle demeure incontestablement l'une des fleurs les plus exquises de nos jardins. Cette vivace aux fleurs éphémères recèle un goût surprenant, à la fois sucré et poivré. Voici quatre façons entre mille de farcir les fleurs à titre d'amuse-gueule. Retirez les étamines et le pistil.

Versez dans les fleurs de la crème fraîche légèrement agrémentée de gingembre frais.

Mélangez un peu de yaourt aux petites crevettes de Sept-Îles et garnissez-en les fleurs.

Préparez une mousse au saumon légèrement parfumée de feuilles d'aneth de votre jardin. Décorez-la de jeunes ombrelles d'aneth.

Un peu de chair de crabe des neiges mélangée à du gingembre frais râpé, le tout agrémenté d'une mayonnaise épicée au poivre vert? Superbe! Repliez les pétales pour fermer la fleur et piquez un cure-dents pour tenir le tout.

1	Les fourmis vous envahissent? Elles ont en horreur l'odeur des feuilles de menthe. Localisez la fourmilière et saupoudrez-la de feuilles fraîches. Essayez également le marc de café. Vous n'en pouvez vraiment plus? Versez de l'eau bouillante sur la fourmillière.
2	La tavelure du pommier se développe très rapidement après une pluie. Vous avez un délai d'environ vingt-quatre heures après la pluie pour traiter vos pommiers. Prenez toutes les informations nécessaires sur les fongicides disponibles. Si vous plantez de nouveaux cultivars de pommiers, choisissez des variétés résistantes à la tavelure comme, par exemple, Liberty ou Rouville.
3	Les plants de tomates à croissance indéterminée doivent être régulièrement taillés. Coupez les drageons au ras du tronc ou en conservant deux ou trois feuilles du « gourmand ». Le nombre de feuilles doit être proportionnel au nombre de fruits; plus il y a de tomates, plus le plant doit être feuillu et vigoureux.

JUILLET

Les haies de cèdres nécessitent toujours d'abondants arrosages, mais davantage encore les haies plantées au printemps dernier.

Si vous n'avez pas encore taillé votre haie de cèdres, faites-le vite avant la canicule, sans quoi vous devrez attendre les temps doux de l'automne.

4	Souvent, sur les bouleaux attaqués par la petite mineuse, se développe une deuxième génération d'insectes. La mouche minuscule pond ses œufs sous l'épiderme des feuilles. Faites examiner un spécimen du bouleau dans un centre-jardin en vue d'identifier le problème et, s'il y a lieu, traitez au printemps prochain avec du Cygon 2 E. Une attaque légère ne nécessite pas de traitement.
5	Lorsque les feuilles des tulipes et des autres plantes bulbeuses du printemps sont complètement fanées, coupez-les au ras du sol. Coupez les fleurs fanées des rhododendrons en prenant bien soin des nouvelles pousses : elles produiront les prochains boutons avant l'hiver. Fertilisez-les avec un engrais pour plantes de sol acide. Vaporisez le feuillage si le temps est sec afin de favoriser la croissance.
6	Quand on arrache les bulbes de tulipe dans le but de les replanter à l'automne, on ne doit pas casser la tige avant qu'elle soit complètement desséchée. Pour favoriser ce processus, déposez les bulbes avec leur tige dans un endroit chaud et ensoleillé. Une fois les tiges retirées, conservez les bulbes dans des sacs remplis de vermiculite ou de tourbe de mousse sèche.

7

De nombreuses plantes requièrent un tuteur, et tous les tuteurs ne sont pas également adéquats. Par exemple, les tiges hautes des glaïeuls, dahlia, *Delphinium* doivent être soutenues en plusieurs endroits sur un grand tuteur. Les espèces qui poussent en touffes doivent être tuteurées au début de leur croissance par un cercle grillagé dont on augmente la hauteur progressivement.

8

Un petit pot rempli de bière renouvelé quotidiennement sauvera vos salades et procurera une mort douce aux limaces.

9

Selon le rythme de croissance des haies de feuillus comme les chèvrefeuilles ou les gadeliers alpins, évitez de réduire de plus de la moitié la pousse de l'année. Si l'on tient à pratiquer une taille très serrée à la manière des topiaires, il faut tailler souvent et peu à la fois.

Déposez les rognures de taille dans des sacs en plastique, puis exposez ceux-ci au soleil pendant quelques jours de grande chaleur. Incorporez au compost, sauf en cas de maladie du feuillage.

10

Il arrive parfois que certains porte-greffes de pommiers ou autres arbres fruitiers drageonnent. Coupez régulièrement au ras des racines ces tiges indésirables.

Un jardinier averti pourrait replanter ces drageons et pratiquer un greffage en écusson vers la mi-août.

Il existe de petits guides simples et bien illustrés sur les diverses techniques de greffage.

La greffe en écusson est de loin la plus facile.

11 Suivant les réglementations d'arrosage de votre municipalité, n'arrosez abondamment qu'une partie à la fois de votre terrain plutôt que d'effectuer un arrosage superficiel de l'ensemble, ce qui ne favoriserait pas un enracinement profond des plantes.

Un truc simple pour contrôler l'arrosage : placez un récipient sur le sol, lorsqu'il contient entre 3 et 5 cm d'eau, vous pouvez cesser d'arroser.

12 Coupez régulièrement les roses fanées. Taillez juste au-dessus de la première feuille à cinq folioles en partant de la fleur. En été, la croissance est rapide. Vous obtiendrez une nouvelle tige fleurie en moins d'un mois.

En fin de saison, conservez les fruits (cynorrhodons) de rosiers. Ils sont très riches en vitamine C et l'on peut en faire une gelée.

13 L'eau de cuisson des pommes de terre présente des propriétés herbicides. Conservez-la précieusement pour arroser les allées du jardin.

14 C'est la fête nationale des Français. Faute de cocktail bleu, blanc, rouge, préparez-en un bleu, couleur de la ville de Paris. Mélangez 15 ml de Curaçao bleu, 15 ml de cognac, 15 ml de crème de cacao blanche, 15 ml de jus de citron et 15 ml de crème. Filtrez et voilà l'Ange bleu. Si vous tenez à célébrer toute la France, servez ensuite un petit blanc, puis un gros rouge!

15 Taillez régulièrement les fines herbes. Les repousses sont plus riches en termes d'arôme et de saveur.

Pincez les grappes de fleurs des plants de basilic et incorporez-les à vos salades d'été.

Le basilic planté en pot se fait moins dévorer par les « herbivores épicuriens » du jardin.

16 La terre des boîtes à fleurs requiert d'être fertilisée chaque semaine. Il est suggéré de faire alterner l'utilisation d'un engrais de type 20-20-20 et de type 15-30-15. Suivez bien les indications du fabricant.

17 Pour obtenir des melons ou des courges de qualité et à proximité des racines, il convient de tailler les tiges qui tendent à beaucoup s'allonger. Taillez au niveau de la troisième ou de la cinquième feuille de la tige principale afin que le plant se ramifie, puis recommencer l'opération sur les tiges secondaires.

18 Il est toujours possible de ressemer des radis à la condition qu'ils ne manquent jamais d'eau, sans quoi ils seront amers.

Les radis se développent dans un sol pauvre en azote. Autrement, le plant ne donne que des feuilles et la racine équivaut à un fil. Juste bons pour la soupe!

Attention! Les radis à racines longues se sèment plus profondément.

19

Bien que plantés de longue date, vos rosiers Hybride de thé ne fleurissent pas? Auraient-ils gelé durant l'hiver?
Dans ce cas, seul survit le porte-greffe, probablement du *Rosa multiflora*, qui ne fleurit pas sous notre climat.

Un petit piège efficace à l'extrémité du patio si l'on veut manger en paix. Remplissez un contenant d'eau sucrée, de confiture ou de bière, suivant ce que votre budget peut consentir au soutien alimentaire des insectes!

20

Il est nécessaire d'effectuer une taille d'été dite « en vert » sur les pommiers trop vigoureux. C'est simple : coupez au ras de la branche charpentière les grandes tiges verticales surnommées gourmands.

Vous pouvez également procéder par arcure : il s'agit de courber les tiges vers le bas à l'aide de cordes et de poids.

21

Partez deux semaines en vacances, oubliez les soucis, mais non pas l'arrosage des plantes d'intérieur. Regroupez-les dans la pièce la plus fraîche, pourvu qu'elle soit également bien éclairée. Faites un bon arrosage quoique sans excès.

22

Le doryphore se nourrit de pommes de terre, mais quand il a le choix, il préfère l'aubergine. À l'extrémité des rangs de pommes de terre, ajoutez un plant d'aubergine, et vous pourrez constater vous-même le raffinement du goût chez le doryphore que tous appellent la « bibitte à patate ».

23

Vous avez tendance à enfouir deux fois trop de graines dans votre rang de carottes? Avant de semer, faites griller au four la moitié des graines dont vous disposez. Mélangez ensuite ces graines mortes à l'autre moitié et semez comme d'habitude. Ainsi vous aurez la moitié moins d'éclaircissage à faire.

24

La roquette comporte des vertus aphrodisiaques. Délicieuse en salade, elle est facile à faire pousser dans la mesure où elle ne manque pas d'eau.

D'innombrables insectes circulent sur le tronc. Pour réduire la population de promeneurs, entourez le tronc d'une bande gluante. Utilisez du papier brun ou, mieux, un carton ondulé; attachez, puis engluez.

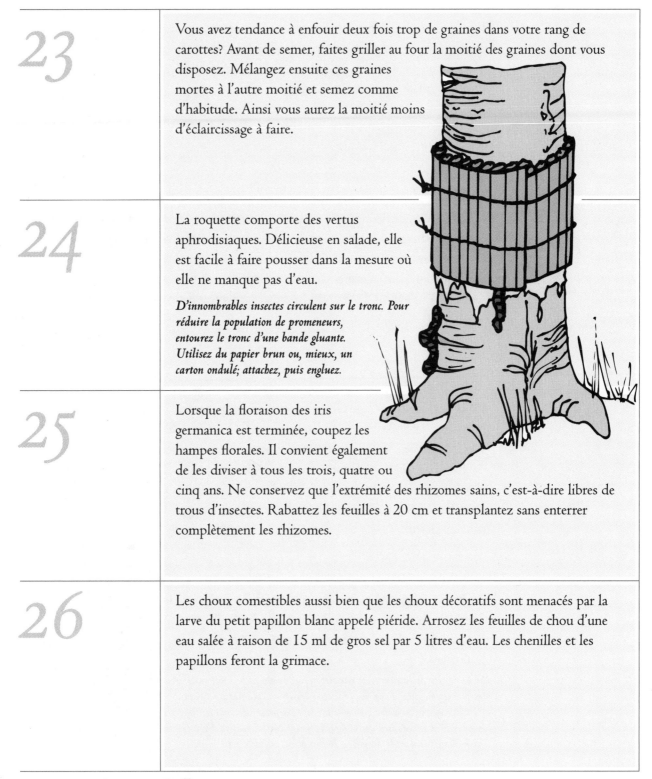

25

Lorsque la floraison des iris germanica est terminée, coupez les hampes florales. Il convient également de les diviser à tous les trois, quatre ou cinq ans. Ne conservez que l'extrémité des rhizomes sains, c'est-à-dire libres de trous d'insectes. Rabattez les feuilles à 20 cm et transplantez sans enterrer complètement les rhizomes.

26

Les choux comestibles aussi bien que les choux décoratifs sont menacés par la larve du petit papillon blanc appelé piéride. Arrosez les feuilles de chou d'une eau salée à raison de 15 ml de gros sel par 5 litres d'eau. Les chenilles et les papillons feront la grimace.

27

Encore des pucerons sur les boutons des rosiers malgré l'ail et la lavande intercalés entre les plants. Saupoudrez les boutons de poudre de roténone et de pyrèthre ou à l'aide d'un jet à haute pression, arrosez le plant de façon à ce qu'ils tombent sur le sol.

28

Même si elles ne fleurissent pas encore, les jacinthes d'eau qui flottent librement dans votre bassin ont l'avantage de freiner le développement des algues et de fixer certains métaux lourds en suspension dans l'eau.

Attention! Les jacinthes d'eau ne sont pas rustiques. Il faudra les transférer dans un seau rempli de l'eau du bassin et les rentrer dans la maison.

29

Dans quelque revue européenne, vous avez peut-être remarqué une vivace à feuilles géantes (deux mètres de diamètre) : il s'agit de la *Gunnera manicata*, hélas, non rustique au Québec.

Faute de *Gunnera*, plantez dans un sol humide et frais le *Petasites japonicus* qui ne manquera pas d'impressionner à son tour. Il est rustique, comestible en jeunes pousses et pas du tout capricieux.

30

Pour faire rougir vos tomates, il n'est pas nécessaire que le fruit soit exposé au soleil. N'enlevez que les feuilles à moitié jaunies. Fertilisez avec un engrais riche en potassium.

Si un jardin de tuteurs n'est pas esthétique, comment protéger autrement les plantes fragiles? Pour vous faciliter les choses, plantez un tuyau de PVC, de cuivre ou autre que vous laisserez dépasser de cinq centimètres environ afin de localiser vos bulbes. Le jour venu, il suffira d'y introduire le tuteur dont le diamètre, évidemment, est plus petit.

31

Le *Physalis*, aussi appelé amour-en-cage, est extrêmement envahissant. Voyez-y, car il pourrait coloniser tout votre massif et il serait alors très difficile de vous en débarrasser. Plantez-le dans une zone où vous aurez l'assurance de pouvoir maîtriser leur prolifération.

Notes

Août

Le Jardin botanique de Montréal

Les Montréalais sont fiers de leur Jardin botanique qui, avec ses 26 000 espèces et variétés provenant de tous les coins du monde, se classe parmi les plus importants au monde. Cependant, la petite histoire du Jardin se révèle moins glorieuse.

Lorsque, en 1925, les membres de la Société canadienne d'histoire naturelle de Montréal conçoivent l'idée d'aménager un jardin botanique, ils se lancent à leur insu dans une aventure remplie d'embûches.

Ce n'est, en effet, que sept ans plus tard que le conseil municipal de Montréal donnera son accord au projet en votant un budget de 100 000 dollars pour commencer les travaux. À plusieurs reprises, ceux-ci seront abandonnés faute d'argent. Entre autres, c'est ce qui arrive en 1939 avec l'arrivée au pouvoir d'Adélard Godbout qui, malgré sa formation d'agronome, dit ne pas croire au projet. En réalité, les observateurs de l'époque croient plutôt que le premier ministre dédaigne un projet issu de l'initiative de son adversaire politique : l'incontournable Maurice Duplessis.

Photo : Pierre Perrault

Recette : Les monardes (*Monarda didyma*) sont en pleine floraison. C'est le temps de préparer le merveilleux beurre à la monarde.

Employez 250 grammes de beurre non salé par « saucisson ». Hachez finement les fleurs (250 ml ou plus au goût). Ajoutez au beurre ramolli les fleurs et mélangez à l'aide d'une fourchette.

Roulez ensuite ce beurre de fleurs; entourez d'une feuille d'aluminium et laissez durcir quelques minutes au congélateur. Ensuite, coupez en rondelles de deux centimètres et décorez chaque rondelle avec une fleur entière.

Intercalez un papier glacé entre les rondelles; enveloppez de nouveau et congelez. Présentez sur une petite feuille de vigne ou de capucine une rondelle de beurre par convive.

1	Généralement, les sols pauvres comme, par exemple, les sols sablonneux, requièrent de trois à quatre fertilisations par année. Dans ce cas, la période actuelle se prête tout à fait à la fertilisation d'un gazon jauni ou fatigué. Mais attention : en été, la pelouse est en dormance et on doit veiller à ne pas surfertiliser. Utilisez alors des fertilisants ou amendements comme les composts et engrais biologiques.
2	De préférence, procurez-vous un engrais à libération prolongée pour fertiliser le gazon. Généralement, le ratio proche de 3-1-2 convient et le 15-3-6 ou le 25-5-10 sont destinés aux sols sablonneux.
3	Un seul orage peut abîmer des tiges pourtant bien fermes et il est souvent vain de tuteurer après les dégâts. Il existe une solution pour certaines plantes qui consiste à placer à côté d'elles des plantes plus courtes qui pourront les maintenir.

AOÛT

Au hasard de vos allées et venues, une petite halte chez des antiquaires, dans des marchés aux puces, des ventes de garage, vous pourriez dénicher des trésors pour votre jardin : paniers d'osier, vieux outils, cage à oiseaux, jardinières, etc.

4

Prolongez la floraison et garantissez une meilleure tenue des plantes vivaces herbacées. Vous devez les rabattre du tiers ou de la moitié après la première floraison selon leur espèce et en fonction de leur vigueur.

5

Quand vous récolterez les hampes fleuries des glaïeuls pour confectionner des bouquets, conservez au moins quatre feuilles sur le plant. Autrement, les bulbes risquent de dégénérer faute de nourriture. On récolte la tige dès que la première fleur de l'épi est épanouie.

N'oubliez pas de mettre de deux à trois gouttes d'eau de Javel dans l'eau du vase.

6

Les rhododendrons doivent être bouturés avant la formation des boutons au début de l'automne. Trempez les boutures de tête dans de la poudre d'hormone n° 2 et repiquez-les dans un sable grossier, sous votre plant, à l'ombre. Bonne chance! les résultats ne sont pas garantis.

7

Pour la récolte d'été, les cultivars d'oignon doivent être couchés sur le sol. Pliez les tiges au ras du sol afin de réduire la végétation dans les feuilles au profit des bulbes.

8

L'ennui naquit un jour d'uniformité, non? Variez votre plantation permanente en y introduisant, selon la saison, une touche de couleur ou une forme originale. Prévoyez l'espace requis dans le jardin et installez l'élément surprise avant que les visiteurs arrivent.

9

Semez des variétés de radis d'été et d'hiver : 'Long noir Espagnol' ou 'Rond noir Espagnol', 'Jumbo écarlate', 'Chinese Rose' et 'Chinese White'. Entre le semis et la récolte, on peut compter un intervalle de cinquante-cinq jours.

10

La plupart des variétés de tomates commencent à prendre de la couleur. Fertilisez avec un engrais plus riche en potassium, par petites doses à tous les quinze jours. Rappelez-vous que la cendre de bois est riche en potassium.

Continuez d'éliminer les drageons sur les variétés de tomates à croissance indéterminée.

11

Supprimez les tiges des framboisiers qui ont produit des fruits. Coupez-les au ras du sol afin que les prochaines pousses prennent de la force; celles-ci donneront des framboises l'année prochaine.

Attention! S'il s'agit d'une variété de framboisiers remontants, vous ne devez pas tailler les tiges.

La bonne façon d'utiliser un sécateur pour ne pas blesser la plante et faire une coupe nette consiste à placer la grande lame du côté de l'arbre. Donc la lame doit être proche de la partie que l'on conserve et la contre-lame, vers l'extérieur.

12

Coupez les fleurs de basilic et utilisez-les pour parfumer le beurre comme on le fait pour le beurre à la monarde. Faites sécher les feuilles sur une toile moustiquaire dans un endroit aéré et sombre.

13

Contrairement aux tiges herbacées encore vertes et souples, les bourgeons de jeunes rameaux prennent l'apparence et la consistance du bois. Il s'agit du processus de liquification qui s'opère à ce moment-ci de l'année, d'où l'expression « aoûtement ». Ces bourgeons supporteront probablement les froids hivernaux. Un rameau semi-aoûté est parvenu à franchir le stade herbacé, mais il n'a pas atteint le stade ligneux.

14

Si vous aimez conserver de belles roses en vase, tôt le matin ou juste avant la tombée de la nuit, coupez juste au-dessus de la plus belle des feuilles une tige en boutons. Selon la variété et la santé du rosier choisi, la tige pourrait refleurir de vingt-cinq à trente jours plus tard.

15

À la suite de la première floraison de vos géraniums (*Pelargonium*), bouturez des tiges peu ou pas fleuries.

Les fins de saison ne sont pas toujours favorables au mûrissement des cucurbitacées dont, par exemple, les melons. Placez sous le fruit une grande tuile de terre cuite; en plus d'éliminer les risques de pourriture, elle absorbera la chaleur du jour pour la restituer au melon la nuit.

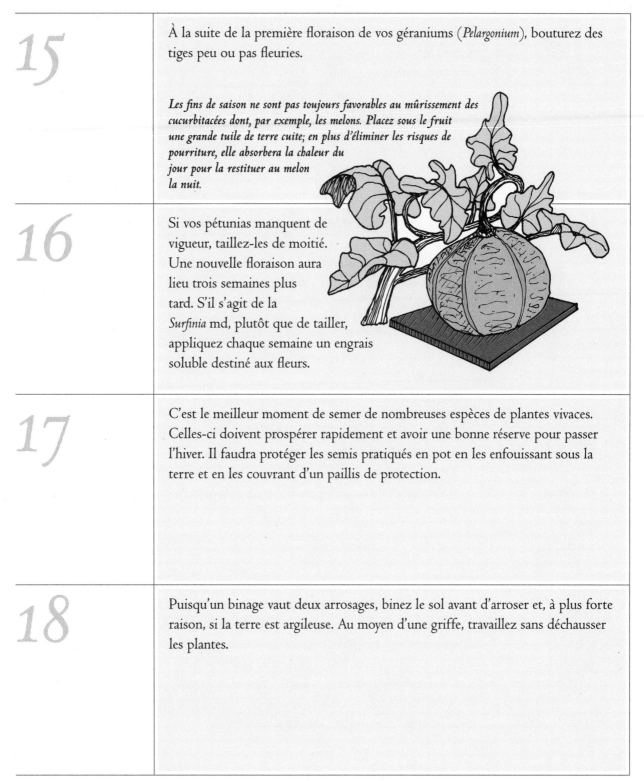

16

Si vos pétunias manquent de vigueur, taillez-les de moitié. Une nouvelle floraison aura lieu trois semaines plus tard. S'il s'agit de la *Surfinia* md, plutôt que de tailler, appliquez chaque semaine un engrais soluble destiné aux fleurs.

17

C'est le meilleur moment de semer de nombreuses espèces de plantes vivaces. Celles-ci doivent prospérer rapidement et avoir une bonne réserve pour passer l'hiver. Il faudra protéger les semis pratiqués en pot en les enfouissant sous la terre et en les couvrant d'un paillis de protection.

18

Puisqu'un binage vaut deux arrosages, binez le sol avant d'arroser et, à plus forte raison, si la terre est argileuse. Au moyen d'une griffe, travaillez sans déchausser les plantes.

19	Taillez les grands sarments de vigne, deux à trois feuilles après la dernière grappe. Conservez les tiges vigoureuses dépourvues de fruits : elles produiront l'année prochaine. Il importe de faire une distinction entre les vignes européennes (*Vitis vinifera*) et les hybrides américains. Ces derniers nécessitent une taille moins sévère.
20	Protégez les coccinelles de tout pesticide : une simple larve peut dévorer jusqu'à mille insectes et acariens en une vingtaine de jours. Quelques fournisseurs d'insectes « utiles » vendent maintenant des quantités raisonnables. Informez-vous à votre centre-jardin.
21	Nombreux sont les pruniers atteints de gommose. Traitez-les contre les insectes nuisibles; utilisez des fongicides contre la tavelure et les cloques. N'effectuez qu'une taille LÉGÈRE et gardez le sol moins humide. Dès que vous coupez une branche atteinte, prenez soin de stériliser votre sécateur avec de l'alcool à friction et brûlez les branches.
22	Le perce-oreille présente l'avantage de dévorer les pucerons, par contre, il adore la fleur du dahlia. Si la population devient trop nombreuse, en guise de pièges, déposez des pots remplis de sciure de bois au pied des plants. Quand ce refuge sera plein d'occupants, vous pourrez les exterminer. Ici et là dans le jardin, des feuilles de papier journal roulées attireront les perce-oreilles. Au matin, vous n'avez qu'à prendre avec précaution les rouleaux et les secouer au-dessus d'un seau d'eau savonneuse.

23

Un bouquet de fleurs des champs fane très vite. On prolongera sa durée en emplissant le vase du mélange suivant : une partie de Seven Up pour quatre ou cinq parties d'eau tiède et de deux à trois gouttes d'eau de Javel.

Changez l'eau tous les jours si possible. Pendant la nuit, placez le bouquet dans un endroit frais.

Secouer l'arbre n'est pas idéal pour cueillir des fruits de qualité. Bricolez-vous un astucieux instrument de la façon suivante : au bout d'un manche à balai, fixez une portion de bouteille en plastique.

24

Lorsque les rosiers sont affectés de la tache noire, il est indispensable de ramasser les feuilles contaminées et de les brûler. Quand vous redoutez la présence d'une maladie fongique, surtout, ne mêlez pas les végétaux concernés au compost.

25

Surveillez l'arrivée des bulbes de fin d'été dans les commerces. Les bulbes de colchique fleurissent quelques jours à peine après la plantation. Plantez à cinq ou huit centimètres de profondeur. L'été prochain, ils produiront des feuilles et, en automne après la fanaison de celles-ci, de magnifiques fleurs apparaîtront.

26

Comme les câpriers ne sont pas rustiques dans nos régions, faites-vous des « câprinettes » avec des boutons de capucines (ne pas confondre avec les graines). Cueillez-les quand ils sont encore bien fermés. Déposez-les dans un contenant stérilisé que vous emplirez de vinaigre blanc bouillant et ranger dans un endroit frais et sombre. Fermez le contenant hermétiquement et laissez refroidir.

27 Semblable au pissenlit, le léontodon ne s'arrache pas aussi facilement. Il n'est pas le bienvenu dans votre jardin.

Par contre, un chardon sera le bienvenu. Le Bon Dieu, lui, n'a pas oublié les chardonnerets qui s'en régalent.

28 Votre amaryllis (*Hippeastrum*) ne doit plus être arrosée. Laissez sécher la terre durant les trois prochains mois au cours desquels il se reposera. Placez le pot de préférence dans un sous-sol, à 15°C environ. Au début de décembre, déposez-le devant une fenêtre, et la plante refleurira dans six ou huit semaines.

29 La lupuline réside dans les « cônes » femelles des plants de houblon. Au moment propice, récoltez-la : on peut en faire une tisane somnifère; séchée au soleil, elle peut également servir à bourrer une taie d'oreiller. Heureuse hibernation!

30 *Tonnerre de Saint-Fiacre, grandit le jardin d'un acre.* Saint Fiacre est le patron des jardiniers.

Il n'y a pas que les tondeuses qui menacent les jeunes arbres. Les mulots rôdent également, à la recherche d'un garde-manger pour les temps rudes de la disette hivernale. Or, rien ne fait mieux l'affaire qu'une tendre écorce. Aussi serez-vous bien avisé d'entourer la base de vos arbres jusqu'à une hauteur de 15 cm au dessus de la neige.

31

C'est la grande rentrée! Commencez à entrer dans la maison vos plantes d'intérieur qui ont passé l'été dehors car les nuits deviennent de plus en plus fraîches. Faites exception pour les cactus de Noël et les azalées qui peuvent rester un peu plus longtemps à l'extérieur. De plus, les nuits fraîches favoriseront leur floraison.

Notes

SEPTEMBRE

Quand l'horticulture vient au secours des politiciens!

En 1934, les ministères de l'Agriculture d'Ottawa et de Québec décident d'un commun accord que le développement de la production fruitière au Québec se ferait uniquement dans les régions de Rougemont et de Missisquoi. En conséquence, la ferme expérimentale de La Pocatière, dans le Bas Saint-Laurent, devrait abandonner son verger de quelque 400 plants, ce que, heureusement, les administrateurs refusent catégoriquement. Cette année-là, le Québec traverse un hiver sibérien et les vergers de l'Ontario et du Québec sont détruits, exceptés ceux de la région de La Pocatière.

Une fois les dégâts évalués, c'est à partir de boutures tirées des arbres fruitiers de La Pocatière que les agronomes des fermes expérimentales des deux provinces reconstitueront leur

verger. D'après les spécialistes, la masse d'eau non gelée du Saint-Laurent aurait créé dans la région un micro-climat susceptible de contourner le gel. Personne n'osa plus envisager la fermeture du verger de la ferme expérimentale de La Pocatière.

Recette : Les petits fruits abondent dans le jardin. C'est le temps de penser aux cadeaux de Noël. Procurez-vous des bouteilles et des bocaux originaux chez un antiquaire, dans les magasins ou dans les placards de vos grands-mères. En stérilisant les bouteilles, méfiez-vous des textures de verre qui renferment des bulles. Préparez un vinaigre de framboises. Cueillez et lavez soigneusement 500 grammes de framboises de votre cultivar remontant ('Héritage'), sinon cherchez les petits fruits des bois. Dans un bocal stérilisé, déposez les framboises et versez un litre de vinaigre de vin blanc ou de cidre. Laissez macérer devant une fenêtre bien éclairée durant deux semaines environ. Puis filtrez en écrasant les fruits dans une passoire filtrez ensuite dans une mousseline. Ajoutez 50 grammes de sucre; portez tranquillement à ébullition et faites frémir environ dix minutes. Laissez refroidir et versez dans vos bouteilles en ajoutant des fruits frais pour la décoration. Scellez les contenants; rangez au frais et dans l'obscurité.

1	Surveillez les ventes de conifères, c'est le meilleur temps de les planter.
2	Évitez de tailler les hibiscus et les lauriers roses malgré l'ampleur qu'ils ont tendance à prendre. Ne retranchez que les branches mal placées, croisées ou brisées. La taille sévère des hibiscus et des lauriers roses doit attendre la mi-février ou la mi-mars si la croissance est plus lente.
3	Surveillez les premières gelées. Rempotez les plantes à conserver. Aménagez un espace libre dans quelque abri pour y loger les pots dès l'annonce d'une chute de température pendant la nuit.

Septembre

Si les boîtes à fleurs de vos balcons ou fenêtres ont la mine basse, arrachez les fleurs et transplantez des chrysanthèmes de jardin. Parsemez de pensées.

4

Avant de rentrer définitivement vos plantes d'intérieur, examinez la surface du sol pour repérer les insectes et le fond des pots où logent les mollusques.

Grâce au jet puissant du boyau d'arrosage, délogez les insectes. Si nécessaire, traitez la plante infestée en appliquant un savon insecticide selon les recommandations du commerçant. Lavez les pots avec une solution $^1/_9$ (une partie d'eau de Javel pour neuf parties d'eau).

5

C'est le temps de couper la tête des choux de Bruxelles. Ainsi, les petits choux situés le long de la tige principale prendront de l'ampleur.

6

On dispose d'un certain choix quand on veut planter une haie de cèdres : cèdres indigènes, cèdres cultivés, variétés et cultivars améliorés ou plus denses.

Le choix dépend évidemment de votre budget et celui-ci, de la longueur du terrain à couvrir. Rassemblez plusieurs informations avant de prendre votre décision.

7	Choisissez des journées nuageuses, voire pluvieuses pour transplanter des végétaux, y compris les conifères. Le sol de plantation est-il suffisamment drainé? Pour avoir une idée de la réponse, remplissez d'eau un grand trou, et si l'eau disparaît en moins d'une heure, la réponse est affirmative. Dans le cas contraire, vous venez de créer un bassin et ce sont les plantes aquatiques qui vous conviennent!
8	Les pins préfèrent les sols sablonneux. Plantez-les dans une terre contenant 50 % de sable. Faites une bonne butte afin que l'excès d'eau n'inonde pas les racines. Enlevez la toile de jute des plants vendus en motte enveloppée.
9	Voilà un moment idéal pour la cueillette des champignons comestibles. Faites identifier les variétés récoltées par un spécialiste du Cercle des mycologues du Jardin botanique de Montréal ou de votre région.
10	Si le gel n'a pas encore meurtri vos annuelles, vous pourrez conserver jusqu'à Noël des hypœstes, des impatiens, des bégonias, etc. Empotez les boutures de géraniums. Si elles ne vous paraissent pas suffisamment enracinées, coupez les fleurs éventuelles. Déposez les pots près d'une fenêtre plein sud et vaporisez les plants.

11

Pour prolonger la vie dans le jardin, couvrez, quand le soir tombe, les plantes plus fragiles d'une toile de jute ou d'une toile de protection hivernale.

Si le gel menace dans un ciel clair de pleine lune, pulvérisez de l'eau sur les plantes dès la tombée de la nuit.

12

Voici un important principe de jardinage : tout ce qui quitte le jardin doit revenir au jardin.

Fabriqué à l'aide de tous les éléments végétaux adéquats, un compost de qualité prolonge la richesse de votre sol. Sinon, vous devrez compenser par des engrais commercialisés ce qui s'est perdu dans les poubelles.

13

Il n'est pas encore trop tard pour diviser et transplanter les pivoines. Attention de ne pas les enfouir à plus de cinq centimètres.

Les pivoines ne fleurissent qu'en plein soleil. À la suite d'une division ou d'une transplantation, elles pourraient vous bouder pendant une, deux ou trois années. Elles doivent emmagasiner des réserves dans leur système radiculaire avant de produire leurs énormes fleurs odorantes.

14

Récoltez les variétés tardives de pomme de terre avant les fortes gelées. Laissez-les sécher pendant une semaine dans un endroit à 20°C et plus afin que soit complété leur cycle de mûrissement. Ensuite, sans les laver, quitte à essuyer le surplus de terre, ensachez-les dans des sacs de papier ou des poches de jute et conservez-les dans une cave froide (environ 7°C).

Jetez les pommes de terre qui ont verdi à la lumière, les glyco-alcaloïdes sont toxiques.

15

Récoltez les fines herbes de culture annuelle. Faites d'abord sécher les tiges à la noirceur, à basse température dans un endroit sec et bien ventilé. Par exemple, un garage peut convenir.

Faites de petits bouquets pour éviter la moisissure qui altère les parfums.

16

Un bon nombre de fines herbes se congèlent. Il suffit de les couper finement et de les placer dans de petits contenants à glaçons et les recouvrir d'eau. Une fois bien congelés, emballez séparément les cubes dans des sachets ou enveloppez-les de papier d'aluminium.

D'autres fines herbes sèchent bien : menthe, origan, thym, sarriette, sauge, etc. Conservez-les dans des contenants en verre hermétiques au frais et à l'obscurité.

17

Ah! cette grappe qui tarde indéfiniment à mûrir! Coupez-la en incluant une portion du sarment; déposez celui-ci dans un bocal d'eau fraîche contenant un ou deux morceaux de charbon de bois (bois naturel d'érable et non des briquettes). Vous conserverez ainsi la grappe de votre cultivar préféré durant plusieurs semaines.

18

Si votre pelouse est à refaire, détruisez d'abord les mauvaises herbes qui l'ont envahie; réensemencez ou déposez des plaques de gazon. Puisque le sol semble faire problème, consultez un spécialiste pour appliquer les traitements les plus judicieux.

19	Si votre gazon semble fatigué, tondez-le très ras. Réensemencez après avoir pris conseil quant au mélange adéquat. Recouvrez légèrement de terre tamisée contenant 20 % de compost. À l'aide d'un râteau rigide, bien faire pénétrer la terre dans les espaces vides. Arrosez copieusement. Une fois le gazon poussé, vous pourrez passer le rouleau.
20	Comme la température se prête tout à fait aux travaux manuels, profitez-en pour découper, redécouper ou restaurer les massifs et les rocailles. Divisez et transplantez les vivaces. Donnez-en aux amis et aux voisins si vous avez l'intention d'introduire de nouvelles espèces ou variétés.
21	L'hémérocalle est l'une des reines de nos jardins; elle se divise facilement. Introduisez de nouveaux cultivars plus florifères. L'American Hemerocallis Society publie un superbe magazine, le *Daylily Journal*, et elle a pu enregistrer l'existence de plus de 30 000 variétés et cultivars.
22	Puisque tous les semis, y compris ceux des vivaces, sont terminés, fermez hermétiquement les sachets entamés, identifiez chacun, indiquez l'année et classez-les dans une boîte de plastique. Entreposez dans un endroit frais et sec (de 13°C à 15°C environ).

23

Avant les grands froids, taillez encore une fois les haies si nécessaire.

Ne pas tailler les arbustes à floraison printannière.

24

La variété de raisin 'Concord' mûrit lentement chez nous. Plantez une variété plus hâtive comme 'Fredonia' ou, mieux, une variété plus rustique comme 'Sainte-Croix'.

La vigoureuse vigne 'Eona' produit un petit raisin rosé qui enjolive merveilleusement une pergola ou une tonnelle de patio.

25

Votre plant d'artichaut aura fière allure si vous insérez de bord en bord un petit morceau de bois sous le capitule. Afin qu'il soit plus tendre que jamais, enveloppez sa tête d'un tissu noir.

26

De multiples bulbes d'hiver sont offerts dans les magasins, mais lesquels choisir? Afin d'assurer la continuité de la floraison printanière, choisissez une variété de cultivars hâtifs, mi-hâtifs et tardifs. Variez les genres et les espèces.

Généralement, les tulipes dites botaniques sont hâtives et de taille plus courte; elles sont magnifiques dans une rocaille.

27

Les tomates qui tardent à mûrir et qui ont néanmoins légèrement jauni peuvent être enveloppées dans du papier journal et placées dans un tiroir. Ainsi enfermées à la température ambiante, le dégagement d'éthylène accélérera le processus de mûrissement.

Si les tomates enveloppées sont encore vertes, ajoutez une banane ou une pomme bien mûre dans le tiroir sans les envelopper.

28

La plupart des bulbes, cormus et autres, sont classifiés en fonction de leur circonférence. En règle générale, plus ils sont gros, meilleur est l'achat et plus, d'ailleurs, ils sont dispendieux. Observez surtout la taille du plateau basal d'où se développeront les racines. S'il vous paraît trop petit par rapport à la circonférence du bulbe, il pourrait y avoir anguille sous roche : il est peut-être surfertilisé à l'azote et produira, par conséquent, une floraison décevante.

Bon   Mauvais

29

Diminuez graduellement la hauteur de coupe de votre tondeuse. Il sera d'autant plus facile de nettoyer la pelouse au printemps que les dernières tontes automnales auront été radicales.

30

Plusieurs plantes vivaces requièrent d'être rabattues à 15 ou 20 cm du sol une fois achevé leur cycle de végétation.

Notes

OCTOBRE

Villes, villages et campagnes fleuris

Parmi les initiatives qui ont contribué à la croissance de l'horticulture ornementale au Québec au cours des dernières années, on attribue une place de choix au concours **Villes, villages et campagnes fleuris.**

Conçu en 1979 par le ministère de l'Agriculture, des Pêcheries et de l'Alimentation, ce concours met en relief l'intérêt des Québécois à l'égard de la qualité de leur vie et du caractère esthétique de leur environnement. En 1995, quelque 500 municipalités de toutes les régions du Québec se sont inscrites au concours, ce qui témoigne de l'intérêt croissant qu'il suscite tant chez les élus municipaux que chez les citoyens.

Les responsables de l'événement estiment que l'horticulture représente une forme de loisir saine et une puissante interpellation au respect de l'environnement.

Photo : Pierre Bédard

Recette : En supposant que vous ayez mis à sécher quelques plantes de votre carré de fines herbes, voici la recette d'une délicieuse infusion aux fruits.

Préparez 200 grammes de zeste d'orange et faites sécher sur une tôle.

Ajoutez à ce premier mélange 400 grammes de citronnelle séchée, 200 grammes de camomille séchée, 200 grammes de menthe-orange, deux cuillerées à soupe de clous de girofle écrasés et un demi bâton de cannelle (7 à 8 centimètres) écrasé lui aussi. Mélangez le tout et conservez dans un contenant hermétique.

Une cuillerée à café de ce mélange convient à une tasse d'eau bouillante. Laissez infuser de cinq à dix minutes.

1	Le poinsettia demande des nuits longues. Pour fleurir à Noël, il doit bénéficier quotidiennement à compter du Ier octobre d'une alternance de onze heures de pleine clarté et de treize heures d'obscurité totale. Rien ne vous empêche de lui faire passer ses nuits dans un placard, par exemple de dix-sept heures à six heures du matin.
2	Vers le 15 novembre, lorsque les bractées de votre poinsettia seront colorées, il pourra passer normalement ses nuits dans une pièce de la maison.
3	Des spécialistes ont observé qu'on pouvait, une fois par semaine, négliger de donner treize heures d'obscurité totale au poinsettia. Vous pouvez donc vous accorder une grasse matinée par semaine !

OCTOBRE

Le fumier bien décomposé est l'engrais idéal pour le potager et les massifs de plantes. Si vous avez la chance de vous en procurer, enfouissez-le grossièrement. Si possible, évitez de passer le rotovateur dans le potager. La terre pourrait devenir trop compacte, ce qui nuit à la respiration du sol en hiver.

4	Lorsque les feuilles des arbres commencent à jaunir et tombent, le temps est venu de transplanter. Si les écureuils ne nichent pas chez vous ou dans le voisinage, vous pouvez entreprendre la plantation des bulbes d'automne. Sinon, attendez la fin du mois ou plantez juste avant les premières neiges quand le sol n'est pas encore gelé. Les écureuils deviennent alors plus paresseux. L'odeur des bulbes de fritillaire (*Fritillaria imperialis*) ainsi que certains narcisses éloignent les écureuils.
5	Certains bulbes à floraison printanière n'aiment pas être déplantés après leur floraison : les narcisses, les aulx, les perce-neige, les crocus, les fritillaires, etc. Il importe donc de les situer dans le jardin de telle manière que le jaunissement des feuillages soit dissimulé par d'autres plantes tout au long de la saison estivale.
6	Si vous n'avez pas encore rabattu les tiges productives des framboisiers, il en est encore temps. Ne conservez que les pousses de cette année à raison d'une tige à tous les 20 cm et ce, dans tous les sens. Si les plants vous paraissent trop hauts, taillez les tiges à cinq pieds.

7

Dans un milieu sévèrement pollué, on recommande la plantation du magnifique *Gingko biloba*, arbre aux cent écus omniprésent dans les parcs et les rues de New-York.

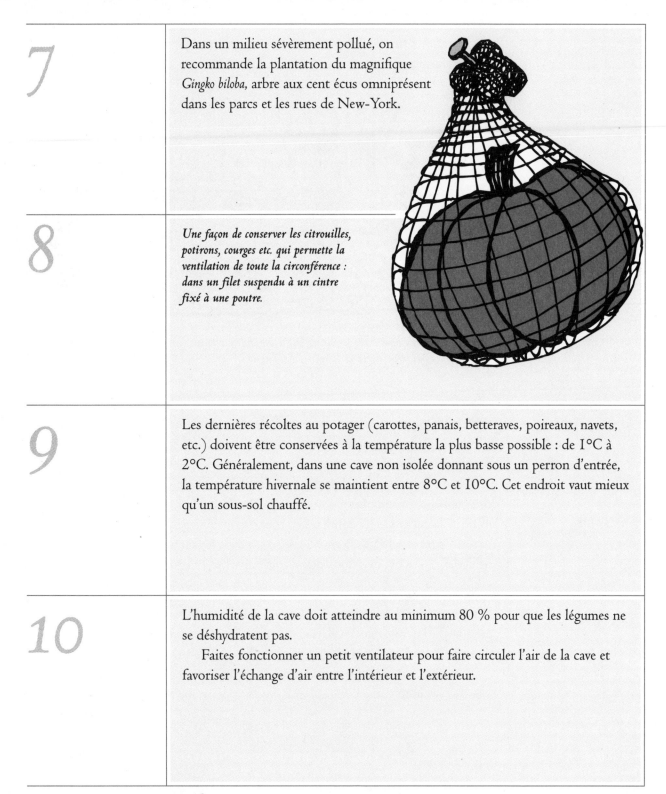

8

Une façon de conserver les citrouilles, potirons, courges etc. qui permette la ventilation de toute la circonférence : dans un filet suspendu à un cintre fixé à une poutre.

9

Les dernières récoltes au potager (carottes, panais, betteraves, poireaux, navets, etc.) doivent être conservées à la température la plus basse possible : de 1°C à 2°C. Généralement, dans une cave non isolée donnant sous un perron d'entrée, la température hivernale se maintient entre 8°C et 10°C. Cet endroit vaut mieux qu'un sous-sol chauffé.

10

L'humidité de la cave doit atteindre au minimum 80 % pour que les légumes ne se déshydratent pas.

Faites fonctionner un petit ventilateur pour faire circuler l'air de la cave et favoriser l'échange d'air entre l'intérieur et l'extérieur.

11

Les choux de Bruxelles supportent bien les premières gelées qui, même, les rendent meilleurs.

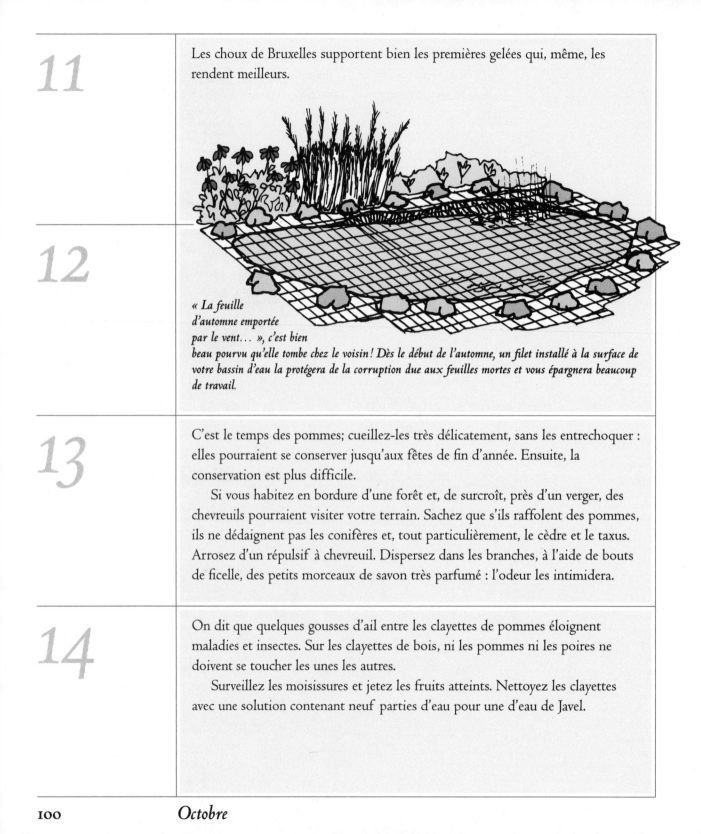

12

« La feuille d'automne emportée par le vent… », c'est bien beau pourvu qu'elle tombe chez le voisin ! Dès le début de l'automne, un filet installé à la surface de votre bassin d'eau la protégera de la corruption due aux feuilles mortes et vous épargnera beaucoup de travail.

13

C'est le temps des pommes; cueillez-les très délicatement, sans les entrechoquer : elles pourraient se conserver jusqu'aux fêtes de fin d'année. Ensuite, la conservation est plus difficile.

Si vous habitez en bordure d'une forêt et, de surcroît, près d'un verger, des chevreuils pourraient visiter votre terrain. Sachez que s'ils raffolent des pommes, ils ne dédaignent pas les conifères et, tout particulièrement, le cèdre et le taxus. Arrosez d'un répulsif à chevreuil. Dispersez dans les branches, à l'aide de bouts de ficelle, des petits morceaux de savon très parfumé : l'odeur les intimidera.

14

On dit que quelques gousses d'ail entre les clayettes de pommes éloignent maladies et insectes. Sur les clayettes de bois, ni les pommes ni les poires ne doivent se toucher les unes les autres.

Surveillez les moisissures et jetez les fruits atteints. Nettoyez les clayettes avec une solution contenant neuf parties d'eau pour une d'eau de Javel.

15

Il est préférable de tailler les érables à sucre et les bouleaux en automne quoique jamais sévèrement.

Il est encore temps de planter des conifères à condition que les nouvelles racines puissent coloniser leur nouvel espace avant le gel. À tout hasard, couvrez le sol d'un paillis de 10 à 20 cm d'épaisseur.

16

Si vous (ou votre voisin) disposez d'une belle colonie de muguets, empotez le maximum de tiges dans un contenant de 15 cm (6 pouces). Seul les rhizomes de trois ou quatre ans fleurissent et les croissances de l'année ne produiront que des feuilles. C'est pourquoi une touffe de muguets présente beaucoup plus de feuilles que de brins.

17

Rentrez le pot de muguets avant les grands froids, et installez-le dans la partie la plus froide de la cave. Vers le 1er mars, récupérez le pot et placez-le devant une fenêtre donnant sur le nord. Arrosez légèrement. Si tout va bien, vous aurez du muguet pour fêter l'arrivée du printemps.

18

Quand vous faites le ménage de votre garage ou atelier, conservez tous les morceaux de ferraille : clous rouillés, pièces de métal, vieilles charnières, bouts de tube métallique, etc. Enfouissez le tout là où se trouvent l'extrémité des racines de vos conifères. Les plantes aiment le fer qui les aide à verdir.

19

Il est toujours possible de planter des arbres près des fondations, cependant vous devez empêcher les racines d'empiéter sur le drain périphérique. Il suffit d'interposer une plaque d'amiante-ciment ou de tôle; la toile géotextile convient également.

20

Attention! On ne doit pas tailler les lilas en automne comme il en est de tout arbre ou arbuste qui fleurit au printemps. Autrement, vous les départiriez de leurs boutons actuellement en processus de formation. C'est tôt au printemps, tout de suite après la floraison, qu'il convient de tailler cette essence.

21

Concevez le plan de votre jardin en tenant compte de la croissance de vos arbres, arbustes et vivaces. On peut toujours tailler un élément qui prend trop d'ampleur, mais il vaut mieux prévoir que sans cesse tailler et déplanter. Par exemple, connaissant le caractère envahissant de l'érable argenté, on évitera de le planter dans un espace trop restreint.

22

Après la récolte des raisins, on peut éliminer les tiges qui ont produit en les rabattant sévèrement à quelques bourgeons de la base. Gardez ces tiges et tressez-les pour en faire des décorations de Noël.

Conservez les belles et grandes nouvelles pousses de l'année : elles produiront l'année prochaine.

23

Plus ou moins rustiques, les vignes doivent être détachées et couchées sur le sol. Déposez des pierres sur les tiges pour qu'elles restent bien en place. Une bonne épaisseur de neige devrait empêcher les bourgeons de geler.

Dès les premiers gels, on doit arracher les rhizomes de dahlia. Afin d'éliminer l'eau contenue dans les tiges, entreposez vos plants à l'envers, dans un endroit sec et à l'abri du gel et bien ventilé, puis déposez-les dans des sacs en papier contenant de la perlite, du sable sec ou de la tourbe.

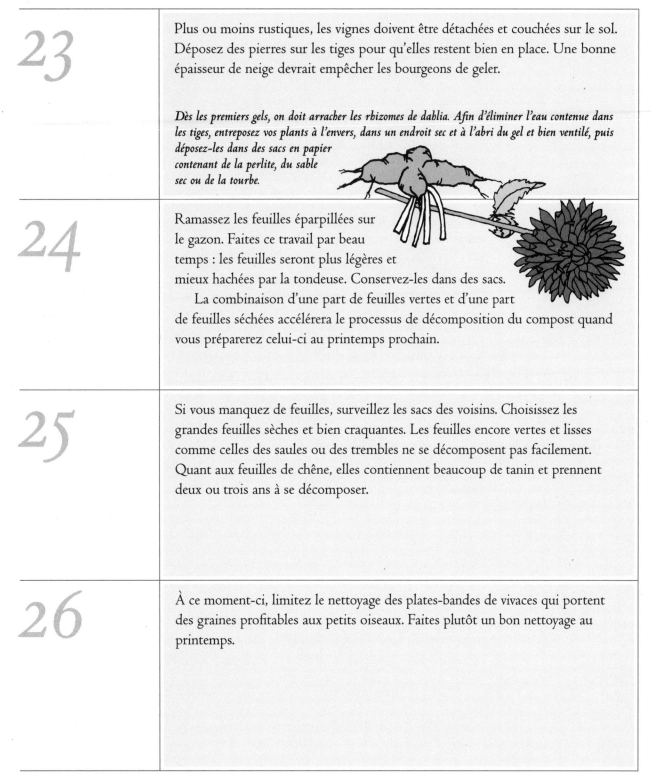

24

Ramassez les feuilles éparpillées sur le gazon. Faites ce travail par beau temps : les feuilles seront plus légères et mieux hachées par la tondeuse. Conservez-les dans des sacs.

La combinaison d'une part de feuilles vertes et d'une part de feuilles séchées accélérera le processus de décomposition du compost quand vous préparerez celui-ci au printemps prochain.

25

Si vous manquez de feuilles, surveillez les sacs des voisins. Choisissez les grandes feuilles sèches et bien craquantes. Les feuilles encore vertes et lisses comme celles des saules ou des trembles ne se décomposent pas facilement. Quant aux feuilles de chêne, elles contiennent beaucoup de tanin et prennent deux ou trois ans à se décomposer.

26

À ce moment-ci, limitez le nettoyage des plates-bandes de vivaces qui portent des graines profitables aux petits oiseaux. Faites plutôt un bon nettoyage au printemps.

27

Laissez des petits tas de feuilles pour que les insectes utiles comme les coccinelles puissent survivre à l'hiver.

Plantation d'un bulbe de lis (Lilium Longiflorum). Reçu à Pâques. Il peut être planté dans le jardin. Il alors faut le couvrir d'un paillis.

28

On taille ou l'on rabat les clématites en fonction du groupe auquel elles appartiennent. Celles du groupe **I** à feuilles persistantes des types *C. alpina, montana* et *macropelata* ne doivent pas être taillées à l'automne; coupez seulement le bois mort et les branches mal orientées.

Celles du groupe **II** se traitent de la même façon.

Celles du groupe **III**, le plus courant au Québec, des types *C.* x *'Jackmanii Citicella'*, et autres se rabattent à 50 cm du sol, puisqu'elles fleurissent tardivement sur le bois de l'année. N'oubliez pas d'installer un paillis de protection.

29

Rempotez 6 bulbes de tulipe par pot de 15 cm dans un sol léger et sablonneux. Arrosez légèrement, puis déposez les pots dans un endroit frais pour seize semaines.

La même technique vaut pour la plupart des bulbes : jacinthes, narcisses, crocus, etc.

30

Pour forcer les tulipes en pot, il vaut mieux disposer d'une cave froide. Il est toujours possible de mettre les pots à l'abri d'un garage ou d'un bâtiment en les recouvrant abondamment de feuilles et d'une toile de protection hivernale. Les bulbes ne doivent pas être exposés à une température inférieure à -10°C.

31

Si vous disposez d'un espace dans un second réfrigérateur, confiez-lui vos pots de bulbes. La température est idéale à 4°C ou 5°C.

Après les seize semaines d'enracinement, soit vers la fin de février, sortez les pots et placez-les devant une fenêtre donnant sur le nord. Des fleurs apparaîtront trois semaines plus tard environ, suivant les cultivars.

Notes

NOVEMBRE

Une première publication

En visitant la librairie de son quartier, l'amateur d'horticulture peut découvrir toute une gamme de publications reliées aux fleurs et aux jardins. Si l'engouement pour ce genre de livres est relativement récent, ce n'est pas d'aujourd'hui qu'on publie sur le sujet.

En 1635, soit vingt-sept ans après la fondation de Québec par Champlain, un médecin parisien du nom de Jacques-Philippe Cornu publiait le *Canadensium plantarum historia*. Dans les quatre-vingt chapitres de l'ouvrage, l'auteur décrit, en latin comme il se doit, une centaine d'espèces dont quarante-trois font partie de la flore canadienne. Le Canada d'avant 1760, faut-il le rappeler, s'étendait de la vallée du Saint-Laurent à la Louisiane.

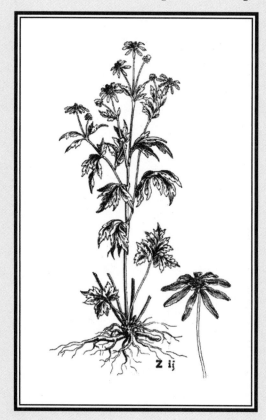

Des quarante-trois plantes décrites, trente-huit sont illustrées d'après nature. Comme Cornu n'a jamais mis les pieds au Canada, on se demande comment lui parvinrent les informations requises. Les historiens croient que des spécimens lui auraient été remis soit par Samuel de Champlain lui-même, soit par l'un de ses compagnons. Dans sa préface, en effet, Cornu rend hommage à un illustre voyageur français dont, hélas, il néglige de mentionner le nom.

Collection BNQ

Recette : Mal aimé, bien qu'il figure parmi les rares plantes potagères originaires du Canada et de l'est de l'Amérique du Nord, le topinambour se multiplie par ses tubercules comestibles. Il est préférable de manger cru cette plante, cousine du célèbre tournesol et dont les graines régalent les oiseaux.

Salade de topinambours : nettoyez et râpez de 250 à 300 grammes de tubercules (arrosez-les de jus de citron pour les empêcher de noircir) auxquels vous ajoutez un petit chou rouge coupé en fines lamelles et 50 grammes de noix de Grenoble. Mélangez le tout.

Préparez une petite vinaigrette de la façon suivante : une portion individuelle de yaourt nature, 45 ml à 60 ml d'huile d'olive de première pression à froid, 15 ml de vinaigre de cidre, 15 ml de moutarde forte, sel, poivre et un peu d'estragon frais, si possible. Nappez juste avant de servir.

1	Dès le début novembre, il faut se tenir prêt à mettre en place les moyens de protection hivernale. Dans les régions des zones 3 et 4, les protections devraient même avoir déjà été installées. Quoi qu'il en soit, on doit attendre que le sol soit bien gelé avant d'appliquer les mesures protectrices.
2	Dans la grande région de Montréal, on installe les protections finales vers la mi-novembre. Appliquer des mesures de protection précoces risque de faire plus de tort que de bien : des maladies fongiques peuvent se développer à la faveur de journées fortement ensoleillées.
3	Réduisez la hauteur des rosiers hybrides de thé à 20 ou 30 cm suivant le type de protection que vous utilisez. Les hybrides *floribunda et polyantha* se taillent plus haut, à 30 cm environ. Pulvérisez généreusement un produit fongicide sur les tiges. Prenez des informations dans un centre de jardinage quant au type de fongicide le mieux adapté à votre roseraie.

NOVEMBRE

4

Buttez les rosiers hybrides non rustiques en accumulant quelque 20 cm de terre légère et sablonneuse au pied des plants.

La tourbe de mousse convient dans la mesure où elle reste sèche durant la période hivernale.

Si des mulots et des lapins menacent vos plantes, utilisez un granulé anti-rongeur.

5

Les rosiers dits rustiques, mais de plantation récente, gagnent à être buttés. En tout cas, il est presque indispensable de protéger leurs racines par un paillis d'écorces, de copeaux de bois ou de tourbe d'une épaisseur de 20 cm et plus.

6

Les feuilles sèches offrent une bonne protection bien que les vivaces et les plantes fragiles requièrent préalablement l'application d'un fongicide. Une fois le sol fermement gelé, disposez les feuilles sèches et recouvrez celles-ci d'un polyéthylène blanc opaque ou d'une toile isolante plastifiée blanche.

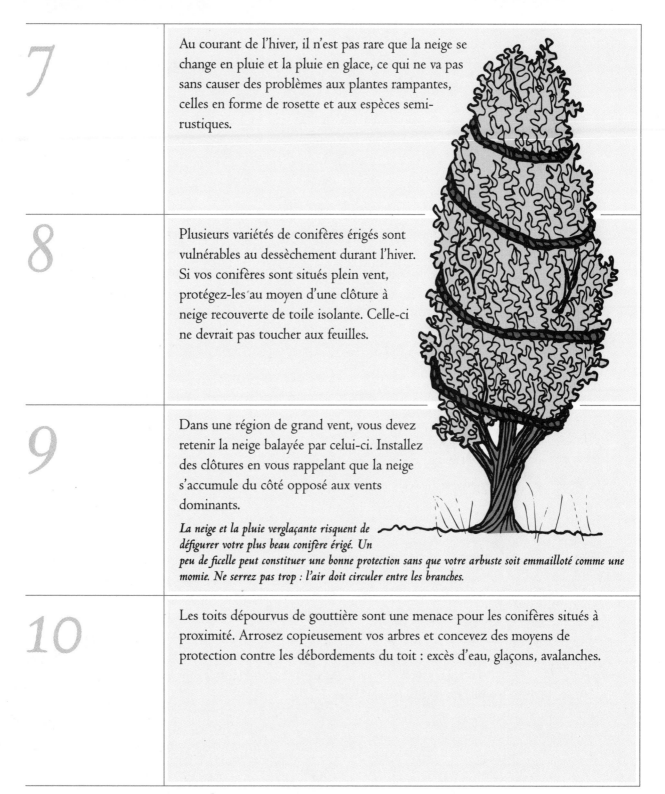

7

Au courant de l'hiver, il n'est pas rare que la neige se change en pluie et la pluie en glace, ce qui ne va pas sans causer des problèmes aux plantes rampantes, celles en forme de rosette et aux espèces semi-rustiques.

8

Plusieurs variétés de conifères érigés sont vulnérables au dessèchement durant l'hiver. Si vos conifères sont situés plein vent, protégez-les au moyen d'une clôture à neige recouverte de toile isolante. Celle-ci ne devrait pas toucher aux feuilles.

9

Dans une région de grand vent, vous devez retenir la neige balayée par celui-ci. Installez des clôtures en vous rappelant que la neige s'accumule du côté opposé aux vents dominants.

La neige et la pluie verglaçante risquent de défigurer votre plus beau conifère érigé. Un peu de ficelle peut constituer une bonne protection sans que votre arbuste soit emmailloté comme une momie. Ne serrez pas trop : l'air doit circuler entre les branches.

10

Les toits dépourvus de gouttière sont une menace pour les conifères situés à proximité. Arrosez copieusement vos arbres et concevez des moyens de protection contre les débordements du toit : excès d'eau, glaçons, avalanches.

11	Dans la mesure du possible, détachez les plantes grimpantes : glycines, chèvrefeuilles, campsis, kiwis, rosiers, etc. Couchez-les et, si nécessaire, couvrez-les d'une toile de protection.
12	Généralement, c'est la date limite pour installer les chapeaux de mousse de polystyrène sur les rosiers. Ces cônes doivent être percés sur le dessus. Pour vous assurer qu'ils resteront en place malgré le vent, posez une pierre ou quelques briques sur les chapeaux.
13	Aménagez une fosse pour les rosiers sur tige. Taillez modérément. Traitez avec un fongicide à rosiers et emplissez d'une terre légère et sablonneuse. Les bricoleurs peuvent toujours fabriquer une boîte isolée au moyen de polystyrène bleu, mais un tel dispositif échappe aux canons de l'esthétique.
14	Les rhododendrons nécessitent l'installation d'un paillis. Couvrez le sol d'une bonne couche de morceaux d'écorce ou de copeaux; assurez-vous que l'eau de surface s'égoutte normalement. Ajoutez des clôtures à neige munies de toile. Si des chutes de neige ou de glace provenant d'un toit sont à craindre, recouvrez les plantes de planches de bois.

15

Vous avez la nostalgie de l'été? Semez quelques fines herbes comme le persil, le thym ou le basilic et procurez aux jeunes plants un éclairage artificiel.

16

À chaque automne, vous devez enterrer dans le jardin vos fragiles petits nénuphars exotiques. Si les contenants où logent ces derniers sont munis de ficelles, ils seront d'autant plus faciles à récupérer.

17

L'hydrangée quatre-saisons planté après la fête des Mères doit être protégé comme un rosier hybride. Sans protection, il pourrait survivre à l'hiver, mais les boutons à fleurs auront gelé et le processus de floraison en souffrira.

18

Au potager, il faut mettre de la paille sur les fraisiers et attacher les framboisiers pour maintenir les tiges en place.

Couvrir les fines herbes fragiles : thym à feuilles panachées, sauge pourpre, origan doré, etc.

19

On peut utiliser une couche froide isolée par du polystyrène bleu pour entreposer les plantes fragiles et les plantes en pot. Des câbles chauffants parcourant le fond permettent d'y faire des semis au printemps.

20

Enduisez les outils de jardinage d'huile à tondeuse. Faites de même pour les couteaux de la tondeuse, remplacez la bougie si nécessaire et gonflez le pneu de la brouette. Vous pouvez alors tout entreposer pour l'hiver.

21

Une fois les protections hivernales bien en place, puisse la neige tomber en abondance, car c'est elle qui procure aux végétaux la plus adéquate couche d'isolation.

22

Dans les bassins peu profonds (30 cm), les poissons rouges ou les carpes japonaises ne peuvent pas survivre durant l'hiver. Transférez-les dans votre piscine ou dans celle d'un voisin.

Ne laissez pas dehors la pompe de votre bassin. Videz-la et rentrez-la, de même que tout l'équipement. Les plantes peu rustiques vivant dans un contenant doivent être enfouies dans un sol bien protégé par la neige.

23	La terre des petites boîtes à fleurs doit être changée chaque année. Une petite boîte à fleurs mesure quatre pieds de longueur sur 15 cm de largeur et de hauteur. Les plus grandes boîtes peuvent conserver 50 % du volume de terre usagée.
24	Rangez les pesticides avec tous les soins requis. Les produits liquides ne doivent pas être soumis au gel, tandis que les produits en poudre se conserveront bien dans des sacs hermétiques rangés au frais et au sec. Surtout, ne jetez pas les étiquettes ni les modes d'emploi.
25	Dans 60 % des cas d'intoxication d'enfants de moins de cinq ans, les pesticides sont en cause. Un organisme municipal doit pouvoir disposer des produits périmés ou dont vous ne vous servez plus. Ne les jetez pas dans les poubelles. Prenez soin de verrouiller la pièce où vos produits chimiques sont remisés.
26	La vogue des bonsaïs et des penjings bat son plein. Attention aux espèces qui requièrent une franche période de repos : les pommiers et autres arbres fruitiers miniatures, les arbres indigènes du Québec, bon nombre de conifères, etc. Informez-vous.

27 Vos bonsaïs ou penjings issus d'un climat froid devraient séjourner de deux à quatre mois, selon les espèces, dans un milieu dont la température serait fixée à 4°C, par exemple, un réfrigérateur. Au moment de les entreposer, le sol doit être modérément humide et avoir reçu le traitement d'un fongicide.

28 Votre poinsettia est bien vert, les bractées sont déployées, la couleur filtre. Bravo! vous avez réussi. Il n'a plus besoin de passer 13 heures par jour dans un placard.

De semis à l'arbre, comment tailler?

29 Si votre amaryllis (*Hippeastrum*) a complété ses trois mois de repos sans arrosage, son feuillage a séché et il est temps de la remettre en végétation. Placez-la devant une fenêtre bien éclairée; arrosez légèrement jusqu'à l'apparition de la hampe florale. Dès l'apparition des feuilles, fertilisez avec un engrais dit « complet ». La floraison coïncidera avec la Noël.

30 Durant l'hiver, il est moins aisé de faire du compost à l'extérieur. Broyez plutôt les déchets végétaux dans le mélangeur, faites-en un jus en ajoutant de l'eau. Les plantes d'intérieur en tireront profit ou répandez-le dans les massifs du jardin.

Notes

DÉCEMBRE

Sur la trace des serres

Sans doute les explorateurs des temps anciens ont-ils vite constaté l'influence des climats sur la nature et la croissance des plantes. De là à créer artificiellement les conditions conformes aux caprices de la flore, il y eut un pas difficile à retracer à travers l'histoire du monde. En Occident, tout au moins, on attribue aux Romains la construction de serres provisoires au moyen de châssis recouverts de mica.

En 1619, les Allemands dressaient déjà des fenêtres de verre aux endroits les plus exposés au soleil. Les Hollandais, quant à eux, mirent au point le premier système de chauffage.

Chez nous, c'est en 1781, que le gouverneur Haldimand approuva la construction d'une première serre au château Saint-Louis, site de l'actuelle Terrasse Dufferin, à Québec. Combien les visiteurs devaient être émerveillés par les fruits et les plantes exotiques, inimaginables sous nos climats. Certains textes tirés de la correspondance personnelle du gouverneur font état de raisins, de pêches, de nectarines et de certaines fleurs comme l'amaryllis, le bégonia, l'hibiscus et la vinca.

Photo : Sept Îles inc.

Recette : Cocktail pour le sapin de Noël. Si vous désirez acheter un sapin de Noël, profitez du choix que vous offre la première livraison dans les commerces pourvu que vous disposiez d'un endroit propice où l'entreposer : le pied dans la neige et le reste abrité par quelque bâtiment.

Lorsque viendra le temps de le rentrer, à l'aide d'une scie, faites une coupe nette, de biseau ou droite selon le type de contenant qui le soutiendra. Passez la lame d'un couteau bien tranchant sur l'écorce plus ou moins effilochée afin d'obtenir une coupe nette. Rentrez le sapin dans la maison et préparez-lui le cocktail suivant.

Dans 5 litres d'eau très chaude, ajoutez un litre de boisson gazeuse (Seven Up ou Sprite), le jus d'un citron pressé, 15 ml de sucre de maïs et quatre ou cinq gouttes d'eau de Javel. Mélangez et plongez le pied du sapin dans ce liquide durant toute la nuit. Vaporisez copieusement le feuillage avec de l'eau à la température de la pièce.

Une fois le sapin installé dans son support, utilisez la même recette et faites le boire à satiété.

Joyeux Noël, mon beau sapin baumier !

1

Si vos plantes d'intérieur ont franchi le mois de novembre sans perdre trop de leurs plumes, ouf! voilà accompli un bon bout de chemin.

Fertilisez avec un engrais du type hydroponique. Quoique légèrement plus dispendieux, il est plus « pur » et les plantes l'assimilent facilement lors de journées très sombres. Réduisez la température durant la nuit. Moins les plantes transpirent, plus elles absorbent l'air frais et plus elles sont belles.

2

Passé le solstice d'hiver (21 décembre), la luminosité et la durée du jour augmentent. Aussi peut-on observer dès le début février un regain de croissance chez les plantes. Alors, ce sera le temps de fertiliser avec un engrais riche en azote.

3

Peut-être venez-vous d'acheter une propriété dont tout l'aménagement paysager est à refaire ou, même, à concevoir.

En guise de cadeau de Noël, offrez-vous le plan d'un jardin conçu par un expert en fonction des possibilités de votre terrain. Ce cadeau vous coûtera de 500 $ à 1 200 $ suivant les tarifs de l'architecte paysagiste et les dimensions de votre jardin. En somme, ce n'est pas plus cher que d'aller grelotter en Floride et vous aurez de quoi rêver jusqu'au printemps.

DÉCEMBRE

4

Est-il pensable de consacrer à l'aménagement paysager un montant équivalant à 10 ou 15 % du coût de construction d'une maison? Sans aucun doute, répondront les amoureux de la nature dont le regard a besoin de beauté, d'harmonie, de couleurs, dont les mains aspirent au contact avec la matière et l'esprit, à découvrir les secrets de mère nature. Sans compter les profits en termes d'oxygénation.

5

Remplissez de neige les boîtes à fleurs et installez des branches de conifères : pin, sapin, épinette, etc. Décorez à votre goût.

Lorsque les conifères sont givrés, faites attention en installant les guirlandes lumineuses. Vous risquez de détacher l'écorce en les agrafant. Méfiez-vous également des ampoules qui répandent de la chaleur : elles peuvent déshydrater les aiguilles des conifères.

6

Votre sapin artificiel mauve défraîchi vous fait honte? Conservez-le pour l'Halloween!

Si votre devanture présente une grande baie vitrée, donnant sur un espace intérieur relativement frais, si vous ne fumez pas et aimez vaporiser les plantes, faites d'une pierre deux coups. Procurez-vous un pin de Norfolk. D'origine tropicale, il offre quelque ressemblance avec le pin et peut supporter une légère décoration au temps des fêtes.

7

Lorsque vous prenez des pommes conservées au frais, assurez-vous qu'aucune ne montre quelque maladie fongique. Normalement, elles sécrètent une sorte de cire de protection. La pourriture apparaît souvent sur le dessous du fruit. Mettre quelques gousses d'ail pour éloigner les soucis.

8

À l'approche de Noël, les plants de houx font leur apparition dans des pots de 4, 6 ou 8 pouces de diamètre sur les étalages. Ce sont les plantes femelles qui produisent les petits fruits rouges (baies toxiques) quand elles ne sont pas trop jeunes. Méfiez-vous des imposteurs qui fixent sur les plants des baies en plastique.

Bien protégé du froid, le houx (*Ilex aquifolium*) peut être rustique en zone 5. Attendez le printemps pour le transplanter à l'extérieur.

9

Ne pas confondre le houx avec le gui. Le gui est un arbrisseau parasite qui, en Europe, s'implante dans l'écorce des arbres fruitiers. Comme il pousse très rarement sur des chênes, les druides accordaient des vertus magiques au gui des chênes.

10

Plusieurs petits arbustes peuvent fleurir en hiver dans nos maisons pourvu qu'ils bénéficient d'un environnement frais (de 12C° à 15°C). Choisissez entre autres : le jasmin, le camélia, l'oranger, le datura, la passiflore, le rhododendron, le jasmin, le camélia, etc.

11

Les cactées et de petites plantes succulentes fleurissent assez bien si elles sont placées en pleine lumière, c'est-à-dire collées à une vitre. Cet environnement plus frais lié à une période de sécheresse déclenchera le processus de floraison.

12

Dans la chambre froide, souvent située sous le perron d'entrée, il convient de mesurer régulièrement la température. Si les légumes et les plantes (glaïeuls, dahlias, cannas, etc.) du jardin se conservent mieux à des températures variant de 1°C à 7°C, c'est un peu froid pour les bouteilles de vin. Idéalement, celles-ci devraient être placées sur les étagères du haut et les légumes, au sol. Hélas, ce type de chambre atteint une température trop chaude en été, surtout quand l'entrée donne sur le sud. Dès lors, il faut ranger les bouteilles de vin sur le sol, installer un système de ventilation muni d'un thermostat et isoler les murs.

13

Si votre laurier rose ou hibiscus est en difficulté, évitez de le tailler. Attendez la mi-février pour pratiquer une taille sévère.

Toutefois, vous devez quotidiennement vaporiser les tiges afin que les petits yeux qui jalonnent les branches ne se dessèchent pas et puissent, les beaux jours venus, éclore et former de nouvelles branches.

14

Il est important de diminuer la température durant la nuit dans les pièces où logent des humains et des plantes. Réduire la transpiration des plantes est le gage d'un bon repos. Tant l'excès de CO_2 qu'un manque d'oxygène provoquent des maux de tête.

15

Ne vous laissez pas passer une épinette!

Bien que la majorité des producteurs d'arbres de Noël cultivent à cette fin le sapin baumier, il se trouve aussi des épinettes dans les commerces extérieurs. Si vous cherchez un conifère en vue de l'installer dehors, l'épinette convient; à l'intérieur, le sapin baumier survit plus longtemps.

16

Pour différencier rapidement un sapin d'une épinette, il suffit de faire rouler une aiguille entre vos doigts. Si elle roule bien, c'est qu'elle est triangulaire et il s'agit d'une épinette. Si elle ne roule pas, la feuille ou l'aiguille est plutôt plate et il s'agit d'un sapin. Vous comprenez maintenant l'expression « se faire rouler »!

17

Certains puristes pensent que sacrifier des millions de sapins pour égayer la Noël, pèche d'autant plus contre le sens écologique que les sapins artificiels sont aussi beaux.

N'oublions pas que l'industrie du sapin de Noël en est une québécoise et qu'elle fournit du travail à des concitoyens. Par ailleurs, après avoir tenu leur fonction décorative, les sapins sont recyclables en un compost dont profitent les jardins acidophiles.

18

Le clou de girofle est un remède traditionnel contre le mal de dent dit « mal d'amour ». Il sert aussi à fabriquer des pommes d'ambre. Piquez une orange à peau fine d'une grande quantité de clous de girofle. Puis roulez-la dans un mélange de 50 % de poudre d'iris achetée chez un herboriste et de 50 % de poudre de cannelle. Enveloppez dans un papier de soie et laissez sécher durant deux semaines dans un endroit aéré et sombre.

19 Suspendez l'orange dans votre sapin et noyez votre douleur dans ce parfum chaleureux.

20 Ancien ambassadeur américain au Mexique, Joël de Poinsett a donné son nom à cette plante à bractées rouges, roses ou même jaunes qui symbolise la fête de Noël.

Pour faire germer un noyau d'avocat, la base du noyau doit à peine effleurer la surface de l'eau, sinon il y a risque de pourriture.

21 Attention! Le poinsettia n'aime pas être enfermé longtemps dans une boîte. Il réagit alors en se donnant un air fané qui a beaucoup à voir avec la soif. Ce problème est courant dans les magasins qui ne déballent pas assez rapidement les plantes.

Achetez une plante produite dans votre région et tâchez de vérifier sa qualité en vous assurant qu'elle n'a pas passé trop de temps dans l'emballage.

22 Qui travaille le plus dans le jardin? Qui désherbe, brasse la terre, plante les fleurs, arrache les pissenlits, compose les bouquets de fleurs coupées, s'occupe du compost?

Offrez-lui un cadeau pour le jardin : un banc, un hamac, une chaise longue en teck, ou encore une consultation avec un ou une architecte paysagiste.

23

Si vous disposez de quarante ou cinquante dollars pour acheter un cadeau à un jardinier ou à une jardinière, achetez un sécateur de qualité : un Felco ou un Sandvik-Pradines. Signez avec humour la carte qui l'accompagne du nom de Bertrand Moleville, ancien ministre de Louis XVI, contraint à l'exil pendant la Révolution française. On lui attribue l'invention de cette « guillotine » destinée aux branches.

Un sécateur à long manche ferait peut-être plaisir si le destinataire émonde des arbres ancestraux.

24

Voici la recette d'une bière aphrodisiaque pour les festivités du jour de l'An. Elle redonne de la vigueur aux organismes les plus abattus.

Mélangez 30 grammes de gingembre, 10 grammes de graines de céleri, 10 grammes de feuilles de berce, 10 grammes de feuilles de roquette dans un litre de bière légère de votre choix. Laissez macérer cinq jours, puis filtrez. Les ingrédients plus rares sont disponibles chez les herboristes.

25

Décorez la table de petites fleurs comestibles. Par exemple, dans des coquilles d'œuf montées sur un coquetier, versez de l'eau ou déposez de la mousse humide. Garnissez de tiges de thym, de persil et de sarriette d'hiver. Des fleurs ajouteront de la couleur : tagetes, capucines, violettes, soucis, etc. Les épiceries offrent des sacs de fleurs fraîches produites au Québec ou en Californie.

26

Pour contrer les excès de table, préparez-vous une petite infusion de basilic. Faites infuser pendant dix minutes une cuillerée à café de basilic séché dans une tasse d'eau bouillante. Buvez après le repas quand vous prévoyez que le lendemain de la veille pourrait être difficile.

27 Demandez à la visite de ne pas trop piétiner la pelouse s'il n'y a pas encore de neige. La compaction du sol fera dépérir le gazon.

28 Ce matin en vous levant, remplissez un verre d'eau chaude et pressez-y un citron. Ajoutez une cuillerée à soupe de gingembre frais et une cuillerée à soupe de miel. Savourez avant le déjeuner.

Si vous avez la chance d'acheter un ananas qui arrive tout droit des îles, celui-ci s'enracinera facilement. Hélas, les ananas cueillis verts et mûris artificiellement à l'éthylène ne pourront s'enraciner, car ce procédé détruit le bourgeon terminal.

29 Avant de vous débarrasser sauvagement de celui que vous avez idolâtré durant le temps des fêtes, informez-vous auprès de votre municipalité sur les dates du ramassage des sapins de Noël. Si votre municipalité n'est pas engagée dans le recyclage et le compostage, il est grand temps d'en souffler mot à votre maire, pour qu'il ou elle inscrive cette résolution à son discours du premier de l'an. Désormais, chers administrés nous recyclerons!

30 Vous êtes invité au réveillon? Où sont vos fleurs?
Si vous les avez oubliées, joignez un petit bouquet à votre carte de remerciement.

31

C'est la fête. Nous levons nos verres bien haut et nous vous remercions de nous avoir lu.

Bonne et heureuse année; puisse le jardinage vous apporter paix et bonheur.

Notes